PIERRE DE BOUCHAUD

Raphaël à Rome

PRIX : 2 FRANCS

PARIS
ALPHONSE LEMERRE, ÉDITEUR
23-31, PASSAGE CHOISEUL, 23-31

M DCCCCII

Raphaël à Rome

Conférence prononcée en Sorbonne

le 3 mai 1902.

(Société d'Études italiennes).

DU MÊME AUTEUR

(*Chez Lemerre, éditeur*)

CLAUDIUS POPELIN. Peintre, émailleur et poète. 1 vol. in-8°.
RYTHMES ET NOMBRES. Poésies . . . . . . 1 vol. in-18.
VIE MANQUÉE. Nouvelles . . . . 1 vol. in-18.
LES MIRAGES. Poésies . . . . 1 vol. in-18.
LA PASTORALE DANS LE TASSE. . . . . 1 vol. in-18.
HISTOIRE D'UN BAISER. Nouvelles. . . . . 1 vol. in-18.
LE RECUEIL DES SOUVENIRS. Poésies. . . 1 vol. in-18.
SUR LES CHEMINS DE LA VIE. . . . . . 1 vol. in-18.
MICHEL-ANGE A ROME . . . . 1 vol. in-18.
LA SCULPTURE A SIENNE. . . . . . . 1 vol. in-18.
LA SCULPTURE A ROME. . . . . 1 vol. in-18.
RAPHAEL A ROME . . . . 1 vol. in-18.

(*Chez Bouillon, éditeur*)

PIERRE DE NOLHAC ET SES TRAVAUX. Essai de contribution aux publications de la Société d'Études italiennes. . . . . 1 vol. in-8°.

MACON, PROTAT FRÈRES, IMPRIMEURS.

PIERRE DE BOUCHAUD

Raphaël à Rome

PRIX : 2 FRANCS

PARIS
ALPHONSE LEMERRE, ÉDITEUR
23-31, PASSAGE CHOISEUL, 23-31

M DCCCCII

Raphaël à Rome

Lorsqu'en 1508, Raphaël, pour la première fois de sa vie, arrivait à Rome, il eut devant les yeux un admirable spectacle. Rome était alors, pour ainsi dire, le centre du monde et sa beauté merveilleuse. Les souvenirs antiques s'unissaient aux vestiges médiévaux. La Renaissance les illuminait de radieux reflets. L'arrivée dans la ville avait une solennité bien faite pour peupler l'imagination d'un artiste. Ce n'étaient pas les grâces charmantes des paysages toscans, mais l'immensité de champs vastes limités par les chaînes des monts Sabins et des collines Albaines aux ondulations douces. Et que dire de la cité elle-même avec ses aqueducs géants, ses tombeaux de la Voie Appienne? Que dire de ce musée lapidaire respecté jusqu'alors par les siècles, les massacres, les guerres et leurs secousses? La divinité obscure qui s'appelle le hasard avait donné sa consécration solennelle à ces grandes alluvions du Temps dont l'accumulation, unique au monde, envahissait l'enceinte de la cité des Césars, de Jules II et de Léon X. D'ailleurs, avant même de pénétrer dans la ville éternelle, on respire un air héroïque et comme un parfum d'art, soit qu'on arrive par les sauvages solitudes du Latium où campèrent jadis Porsenna l'Etrusque, Brennus le Gaulois, l'Africain Annibal, ou qu'on entre du côté de la Sabine aux gras troupeaux, de la Sabine où passe le ruban jaune du Tibre que chanta Virgile, au pied des montagnettes que surmontent des villages pittoresques murés dans leur aire de faucon. Ainsi, Rome qui a pour musées les temples et les effigies de tous les dieux de l'Olympe, au temps de Raphaël, comme de nos jours, avait pour ceinture la majesté des déserts.

« J'ai veu ailleurs, disait Montaigne, des mai-
« sons ruinées et des statues, et du ciel et de la
« terre, et si cependant ne scauroy revoir le

« tombeau de cette ville, si grande et si puis-
« sante que je ne l'admire et révère. J'ai eu
« cognoissance des affaires de Rome longtemps
« avant que je l'aye eue de celle de ma maison ;
« je sçavois le Capitole et son plan avant que je
« sceusse le Louvre, et le Tibre avant la Seine... »

Ces paroles, Raphaël eût pu les prononcer lui-même. Longtemps avant de se rendre dans la cité papale, il avait évoqué la grandeur romaine. A Florence, alors qu'il étudiait avec passion l'art du Vinci, il entendait vanter par les artistes les beautés de la ville. Quel dut être son enthousiasme en touchant ce sol sacré ! Il y communiait pour la première fois avec l'antiquité. Et l'impression qu'il en ressentit fut si forte qu'elle ne s'effaça plus de son âme. Sans doute, il avait pu admirer auparavant à Urbin, à Sienne, à Florence les vieux vestiges grecs ou romains. Il avait même copié à Sienne le groupe des *Trois Grâces* qu'on admire dans la bibliothèque du Dôme aux parois de laquelle Pinturricchio a écrit, avec un pinceau divin, le poème de la vie de Pie II. Mais il n'avait jamais prêté une attention soutenue à ces reliques. Et il lui était réservé d'entrer à Rome en contact étroit avec elles. C'est que du Forum au Panthéon, du Vatican au Capitole, du temple de Vesta au Colisée, tout appartenait ici au génie de l'art. Çà et là l'histoire y était écrite en bas-reliefs sublimes.

Les héros dont l'origine se perdait dans la nuit des siècles apparaissaient sous les formes charmantes que se plut à leur donner la statuaire antique. Ils n'étaient pas tous découverts, mais des fouilles allaient bientôt mettre à jour leurs faces nobles et les attitudes éternelles que l'art avait imposées à « ce peuple immobile au milieu d'un peuple agité ». Parmi les décombres des thermes incendiés, des palais détruits, des cirques à demi disparus, on voyait les statues, les arcs de triomphe et les multiples débris de l'art submergés par le torrent des années, ensemble étonnant pour les yeux, accablant pour l'imagination. Tous les grands noms, les grandes figures du passé s'emparèrent de Raphaël Santi, haussèrent son esprit et l'émurent. Si bien que, laissant son âme ouverte à la perception de tant de beautés, ce génie va puiser en elles, comme à une source intarissable, des sujets d'inspiration sublime. C'est en vérité le spectacle de Rome antique qui valut à l'art ces chefs-d'œuvre : l'*Ecole d'Athènes* et le *Parnasse*. Et c'est en gravissant le Palatin, le Cœlius, et l'Aventin ; en laissant errer ses yeux sur les ruines des siècles morts; en promenant enfin du Pincio au Janicule, du Capitole au Champ de Mars, ses pensées et sa vue, que Raphaël, je ne dirai pas, découvrit, mais acheva de découvrir la beauté. Désormais son talent va se renouveler. Et l'on peut affirmer qu'en touchant le sol romain, l'artiste comprit désormais ce qu'il pouvait tenter et accomplir dans la ville dont, un demi-siècle plus tard, du Bellay chantera :

Les « sept coteaux, sept miracles du monde », quand il s'écrie :

Sacrez costaux, et vous sainctes ruines,
Qui le seul nom de Rome retenez ;
Vieux monuments, qui encore soutenez
L'honneur poudreux de tant d'âmes divines,

Arcz triomphants, pointes du ciel voisines
Qui de vous voir le ciel mesme estonnez...

Mais avant de parler des travaux de celui que Vasari dénommait : génie sublime et divin, il est nécessaire d'étudier rapidement la vie de Raphaël avant son arrivée à Rome.

I. — LES PRÉCURSEURS DE RAPHAËL

Vers la fin du XIIIe siècle, Cimabue à Florence, Duccio à Sienne, avaient renouvelé la peinture et ses procédés en donnant aux types mornes et froids de l'oclochratie byzantine une animation jusqu'alors inconnue.

Giotto, Simone di Martino et leurs disciples continuèrent l'œuvre commencée, aidés par un instinct plus aigu et une communion plus intime avec la nature. Leur inspiration portait d'ailleurs uniquement sur des sujets mystiques, mais avec un sens de la réalité nécessité par la représentation des scènes de la vie monastique dont ils faisaient leurs sujets. De là, une alliance entre la sévérité et la froideur du style antérieur et l'aptitude originelle à comprendre, à rendre la vie, à représenter la nature dans ses manifestations simples. Les scènes de la vie privée devinrent les motifs de composition religieuse, rapprochant ainsi la peinture du sens humain, la faisant peu à peu pénétrer dans les mœurs, l'amenant à prendre une physionomie populaire. L'art suit une marche ascendante.

Les peintres mettent presque toujours en scène la Vierge et le petit Jésus. Ils adoucissent, par la vénération dont ils entourent la femme, la rudesse des mœurs du moyen âge. Il se dégage des toiles de Giotto, de Simone di Martino et de leur école, un véritable sentiment de la beauté dans ce qu'elle a de noble et d'élevé.

L'allégorie et le symbolisme représentent une autre tendance de cette époque. Je n'ai pas à montrer ici, tant la chose est connue, combien les poésies de Dante accrurent à cet endroit le goût italien. Comme preuve de cette assertion on peut citer les allégories de Giotto sur le petit Pauvre, dans l'église inférieure à Assise, les figures de la chapelle des Espagnols, à Santa Maria Novella de Florence, les peintures du Palais de Justice à Padoue. On voit, en contemplant ces œuvres, à quel point le symbolisme qui est l'état de la pensée dans lequel les dogmes ne sont exprimés que par des figures ou images employées comme signes, s'est emparé de l'existence humaine sous son aspect intellectuel et moral.

L'influence de Giotto déclina rapidement au début du XVe siècle. Son dernier représentant, l'exquis Angelico de Fiesole, lui donna un magnifique éclat en peignant, dans le couvent florentin de Saint Marc, des fresques où se réunissent, à un égal degré, l'idéal, la pureté angélique et la grâce émue.

C'est à ce moment que Masaccio paraît. Ce peintre étudie fidèlement la nature. Il donne tous ses soins à l'expression. Il s'efforce de rendre la vie dans ses mouvements naturels et multiples. Il se préoccupe des masses d'ombre et de lumière. La tendance réaliste de Masaccio devait amener l'art à l'anatomie et à la perspective, c'est-à-dire en somme, à des principes absolument sûrs.

Giovanni Bellini à Venise, Squarcione à Padoue où brillera bientôt Mantegna, étudient l'antique, et sans pour cela délaisser la nature, créent un nouveau style.

Tous ces artistes conservent à l'art sa noblesse et sa gravité. Ils ouvrent à la peinture un champ illimité par leur préoccupation du vrai, de l'expression, de l'anatomie et de la perspective.

Le premier qui sut tirer parti de tant d'heureuses innovations fut Léonard de Vinci. Cet élève de Verrocchio fut un esprit universel. Il fit faire à l'art d'étonnants progrès. Ses connaissances des matières organiques le rendirent maître de la forme des paysages. Il rechercha le coloris dans la contemplation. Sa science du clair-obscur lui permit de traiter des sujets inconnus jusqu'alors. Quant à son talent d'exécution, on peut dire qu'il ne fut pas dépassé.

Pietro Vannucci, dit le Pérugin, fut le condisciple de Vinci chez Verrocchio. On ne saurait le comparer à Léonard pour la puissance de conception, l'ampleur ni la science. Malgré cela, comment n'être pas séduit par les œuvres, pleines d'une si brûlante langueur, où Vannucci a peint des Christ, des Martyrs, des Vierges, ravis par l'extase et le rêve intérieur hors du monde animé! Et faut-il rappeler, aux murs du Cambio de

Pérouse, les figures ardentes et passionnées qui perpétuent à jamais le souvenir de celui qui leur donna la vie !

Enfin, dans le voisinage de l'Ombrie, à Borgo di San Sepolcro et à Arezzo, Pietro della Francesca et Luca Signorelli, dans un genre différent de celui de Vannucci, excellèrent pourtant et créèrent un style dont l'épanouissement aboutit à l'étonnant *Jugement dernier*, ornement splendide du dôme d'Orvieto.

II. — JEUNESSE DE RAPHAËL

Tel était, brièvement résumé, l'état de l'art en Italie au moment où Raphaël recevait de son père les premiers éléments de dessin et de peinture. Il était né à Urbin en 1483. Il est peu d'hommes illustres chez lesquels l'intelligence et les facultés s'harmonisent d'une façon adéquate. Dans la personne de Raphaël cette concordance atteignit la perfection même. Tandis que, chez tous, une face du caractère ou du génie s'accroît au détriment des autres : vigueur, douceur, force de la pensée, chez Raphaël on trouve réunis tous les dons de l'intelligence et du cœur, servis à un degré unique par une force morale admirable.

Le développement artistique de Raphaël fut

constant. Il ne connut ni arrêt ni défaillance. En 1494, à la mort de son père Giovanni qui était un excellent peintre dans la manière de Pérugin, il reçut des leçons de Timoteo delle Vite, à Pérouse. Son apprentissage terminé, vers 1500, il passa dans l'atelier de Vannucci, surnommé le Pérugin, au moment où celui-ci, qui venait de terminer à Florence la peinture du Cambio, s'établit définitivement à Pérouse.

Dès lors, les ferments déposés par Giovanni Santi dans le jeune esprit de son fils purent mûrir et se développer à leur aise auprès de ce nouveau maître chez lequel Raphaël retrouvait les mêmes traditions et les mêmes principes. Il pénètre dès lors dans le sentiment, purement apparent, du Pérugin, en y ajoutant la chaleur et la vie. Il garde à son talent cette grâce du sentiment, cette émotivité expressive qui devaient donner à ses œuvres une vivacité et une eurythmie exceptionnelles. Loin de ressentir l'influence de l'école, il en renouvelle, en quelque sorte, l'inspiration. Il la tire de l'état stagnant auquel un esthétisme tout de surface l'avait fait aboutir. Et tout cela, parce que Raphaël, plein de candeur et d'enthousiasme, met son cœur là où ses maîtres n'ont mis que la main.

III. — SÉJOUR EN TOSCANE

Au moment où, en 1503, Raphaël, devenu jeune homme, maître de lui-même, conscient de ses forces, entra en contact avec l'art florentin après s'être assimilé tous les éléments sains de l'école de Pérouse, il est permis de dire qu'il était en Toscane le représentant le plus pur, le plus grand et le plus original des disciples de Vannucci.

Il séjourna en Toscane jusqu'en 1508. C'est dans ce centre d'art incomparable qu'il étudia les dessins de Michel-Ange et de Léonard. Il apprit du premier l'entente de l'anatomie et de la composition, et du second le modelé, le clair-obscur, et ce qu'on a si justement appelé : la technique des couleurs. En même temps, il but aux sources de l'école de Masaccio qui lui découvrit la grandeur de l'univers des choses réelles. Ce guide austère et sûr lui fut précieux et ce prédécesseur, qui avait laissé tant d'impeccables œuvres où le goût le dispute à l'harmonie, le garda pour jamais de l'outrance et de l'à peu près. En même temps, Santi se liait étroitement avec Fra Bartolommeo. Ce peintre, occupé des mêmes sujets que les maîtres pérugins, les traitait avec une discipline rigoureuse des lois de l'art. En effet, dans les tableaux de grâce et de piété composés par lui, les anges et les saints, loin d'être placés les uns à côté des autres avec une monotone symétrie, forment de vrais groupes animés par des contrastes et donnent l'image même de la vie dans le grandiose développement des corps. Bartolommeo apprit donc à Raphaël les secrets de son coloris limpide et les préceptes supérieurs de la composition. Santi lui dut le sens des proportions architectoniques et vivantes.

Les années que Raphaël passa à Florence furent marquées par un grand nombre d'œuvres pieuses. Elles lui valurent un renom qui s'étendit bientôt à l'Italie entière. Son génie, qui avait su comprendre et s'assimiler les talents des maîtres différant entre eux d'esthétique et de composition, s'était, de par sa propre énergie sélective, garé d'une imitation servile ; et si nous le voyons plus tard copier Michel-Ange en peignant les Sibylles de Santa-Maria del Popolo à Rome, il s'agit là d'un cas purement isolé.

A vingt-cinq ans, Raphaël savait s'approprier tout ce qui était bon et beau et le faire sien par la force même de son imagination créatrice.

IV. — ARRIVÉE A ROME

Ce fut en 1508 que Santi fut appelé à Rome par Jules II. Ce que durent être ses impressions en foulant le sol de la ville éternelle, j'ai tâché déjà d'en donner quelque idée. Aussi bien allait-il, en peu d'années, atteindre à la gloire la plus haute. Jusqu'à sa mort prématurée il ne cessera de travailler et de se perfectionner. Nous allons le voir étudier Michel-Ange, se pénétrer de la beauté antique, réaliser chaque jour des progrès nouveaux. Nulle face de l'art ne lui échappera. Sa courte existence se passera en études perpétuelles. Il ira même jusqu'à rivaliser avec les Vénitiens dont l'étonnant et riche coloris ne lui fut révélé que par l'œuvre de son mortel ennemi, l'envieux Sebastiano del Piombo. De 1508 à 1520, date de sa mort, il explorera tous les domaines : l'allégorie, le drame historique, la mythologie, les scènes chrétiennes, les portraits, les Vierges, les Saintes Familles. Il tentera tout et réussira tout. Rien ne doit lui rester étranger. Il ne rêve qu'à une chose, ne soupire qu'après une chose, ne poursuit qu'une chose : la beauté, encore la beauté, toujours la beauté. Et quand il meurt, à trente-sept ans, en pleine gloire, en plein travail, dans toute la force de son extraordinaire talent, l'œuvre gigantesque qu'il laisse, par sa progression, sa pureté, sa vérité, son équilibre, ses grâces, sa variété, sa perfection, entraînera l'approbation unanime, s'imposera, fera s'unir les siècles dans un commun sentiment d'admiration et de respect.

Mais retournons en arrière et revenons à l'arrivée de Santi à Rome. Vasari prétend que ce fut l'architecte de Jules II, Bramante, parent de Raphaël, qui l'y fit appeler. Le jeune artiste s'était peut-être adressé auparavant au préfet de Rome, François-Marie de la Rovère, pour obtenir des travaux au Vatican. Ou bien, il se peut encore que Jules II, toujours à l'affût de talents nouveaux, au premier mot qu'on lui adressa en faveur de cet artiste dont il avait sans doute vu quelques œuvres à Urbin, l'ait mandé de sa propre initiative. Ce pontife autoritaire n'était pas seulement avide de gloire, il prétendait aussi développer les arts. Déjà le plus illustre des architectes, Bramante, et le plus grand des sculpteurs, Michel-Ange, s'occupaient d'exécuter ses projets. Il lui manquait un grand peintre. Il eut le bonheur d'appeler Raphaël. Celui-ci, transporté de joie, partit pour Rome. Il avait vingt-cinq ans.

Il entrait au service d'un prince qui joignait à un caractère d'une rare énergie, une vive intelligence. Guerrier consommé, nature violente, Jules II de la Rovère honora les arts et les sciences.

Il conçut de vastes projets artistiques et ne put réaliser complètement ses entreprises. Mais il lui échut, tout au moins, l'honneur d'en mener à bien une partie. Ce fut lui qui accomplit le projet de Nicolas V de donner au Vatican les proportions d'une véritable ville pontificale où logeraient sa suite, le haut clergé, les administrations ecclésiastiques. Ce fut lui qui posa les fondements de la Basilique de Saint Pierre dont les dimensions gigantesques n'ont jamais été dépassées. On sait la commande qu'il fit à Buonarotti d'un tombeau que le grand artiste n'eut pas le loisir de terminer et pour lequel il sculpta l'immortel *Moïse* qu'on admire à Saint-Pierre-aux-Liens. Et c'est Jules II encore qui voulut que les mains de Michel-Ange, habituées à manier le ciseau, prissent le pinceau pour imposer aux murs de la Sixtine les faces immortelles des Prophètes et des Sibylles. Que va donc demander à Raphaël l'insatiable pontife ?

Jules II n'avait pas voulu habiter les appartements occupés jadis par Alexandre VI, « ce simoniaque », s'écriait-il avec colère. On lui proposa donc les chambres de l'étage supérieur du Vatican, déjà décorées, sous Nicolas V et Sixte IV, par Pietro della Francesca, Bramantino da Milano,

Luca Signorelli, Bartholomeo della Gatta et le Pérugin.

VATICAN

A. — *Les Chambres.*

Raphaël reçut l'ordre d'achever ces décorations en peignant les murs de la chambre dite *della Segnatura.* Cette chambre est contiguë à trois autres pièces de dimensions fort inégales et que Santi allait être appelé bientôt à orner également. Elles se nomment : la *Chambre d'Héliodore*, la *Chambre de l'Incendie du Bourg* et la *Chambre de Constantin*. La *Chambre de la Signature* et la *Chambre d'Héliodore* sont percées de deux fenêtres ouvertes face à face, et prenant jour sur le Belvédère et la chapelle Sixtine. La *Chambre de Constantin*, la seule que ne peignit pas Raphaël, est éclairée d'un seul côté. Quant à celle de l'*Incendie du Bourg* les fenêtres ne correspondent même pas, car, tandis que l'une regarde le Belvédère, l'autre occupe l'extrémité du mur de retour. Aussi, comme le dit fort justement M. Müntz : « Faux jour, manque de recul, lignes irrégulières, il semble que l'architecte ait accumulé tous les obstacles dans ces salles, comme pour rendre plus ardue la tâche du peintre chargé de les décorer. » L'on peut donc concevoir quelles difficultés allaient incomber à Raphaël.

Le plafond de cette salle de *la Signature* [1], qui servait de tribunal ecclésiastique, avait été orné par Sodoma de sujets mythologiques dont il reste encore quelques vestiges. Jules II dut sans doute demander à Santi une suite de projets pour les peintures qu'il sollicitait de lui. Et ce fut alors que Raphaël produisit les stupéfiantes compositions représentant, pour ainsi parler, les vues religieuses et philosophiques de son temps. Quelques-uns de ses amis ont pu lui donner plusieurs conseils à cet égard ; mais l'idée première lui est entièrement propre. Boëce, Dante, Pétrarque dans les *Lettres*; Traini avec le *Triomphe de Saint-Thomas d'Aquin* à Pise, et Bennozo Gozzoli, en peinture, avaient déjà sans doute effleuré de pareils sujets. Et si Raphaël a pu voir, dans ses voyages, les tableaux de ces maîtres, cela ne saurait, certes, lui enlever le mérite d'avoir réalisé une œuvre que seul un cerveau de son espèce pouvait mener à bien; car, est-il besoin de le dire? elle n'a, avec les travaux de Gozzoli ou de Traini, ni communauté de procédés,

1. Voir Klaczko : *Jules II*. Le mot *Segnatura* signifie : la minute d'un acte.

ni même la plus légère ressemblance. Raphaël avait un fond assez riche pour n'imiter personne. D'ailleurs il importe d'ajouter qu'en entrant au service du pape, Santi avait rencontré à la cour pontificale de grands esprits. Passer leur nom sous silence serait, il me semble, commettre un grave oubli. Et quand j'aurai nommé les cardinaux Riario, Grimani, Jean de Médicis, qui sera Léon X ; quand j'aurai rappelé les mérites des Bembo, Bibiena, Inghirami, Turini, Louis de Canossa ; ceux du comte humaniste Balthazar Castiglione ou du célèbre banquier Augustin Chigi pour lequel Raphaël ornera la maison du Transtevere appelée *la Farnesine*, on sera édifié sur les esprits qui formaient autour de Jules II une admirable cour de l'intelligence et du savoir. Que leur voisinage ait influé sur Raphaël, il n'y a pas lieu de s'en étonner. Jeune et entièrement appliqué à l'étude de son art, le peintre, s'il n'inventa pas de toutes pièces le programme de ses compositions, sut, néanmoins, en traduire avec tant de clarté les idées abstraites et les revêtir de formes si splendides, qu'il s'appropria vraiment l'invention de son sujet par la seule manière dont il le conçut et le rendit.

CHAMBRE DE LA SIGNATURE

Il s'agissait de faire voir sous ses divers aspects la grandeur de l'esprit humain arrivant à la connaissance de Dieu par la *Théologie,* sondant les secrets de la nature et de l'âme par la *Philosophie,* s'élevant par la *Poésie* au-dessus des choses réelles, enfin, réglementant les intérêts du monde et les rapports des hommes entre eux par la *Jurisprudence.* Le merveilleux talent de Raphaël sensibilisa ces données incertaines et les rendit présentes, bien qu'en se tenant lui-même dans les plus riantes régions de la Pensée.

Ces quatre médaillons inscrits par Santi à la voûte de la salle méritent mieux qu'une mention rapide. La *Philosophie* regarde au loin. Elle tient deux volumes : l'un concernant la morale, l'autre l'étude des phénomènes extérieurs. Calme et les yeux baissés en signe de méditation, la *Justice* est couronnée d'un diadème de fer, le métal de la force et non de la cupidité. La *Poésie* rayonne. Son visage inspiré est tout à la fois lumière et esprit. L'œil est vif, la bouche va parler... Un Dieu intérieur l'anime et l'émeut. Dans sa chevelure des lauriers s'enlacent. Une lyre et un livre placés à ses côtés symbolisent l'étude et l'inspiration. Enfin le quatrième médaillon : la *Théologie*, tient en mains les Évangiles. Les feuilles du doux olivier s'unissent aux fruits et aux fleurs pour former une coiffure harmonieuse au-dessus de son visage austère et chaste. Un voile ombrage son épaule d'un blanc reflet ; la tunique et le manteau se drapent délicatement autour du corps immatériel. Elle est vêtue de bleu, de blanc et de vert comme la robe de la *Béatrice* du Dante. Et c'est aussi dans cette tunique de Béatrice que l'Italie a taillé les trois pièces de son étendard. Voici l'exorde.

Passons à ce qu'on a appelé : le nœud de l'épopée, je veux dire à cette apparition des mystères et des annales de la chrétienté : *La Dispute du Saint Sacrement*.

Le peintre a représenté l'assemblée idéale de tous les Pères qui avaient pris part aux controverses religieuses sur le Sacrement eucharistique.

La partie supérieure de la composition offre deux rangs de figures, disposées avec symétrie en demi-cercles comme dans le *Jugement dernier* d'Orcagna, au Campo Santo de Pise. Les Anges occupent le premier rang, les Saints le second. Dieu, tenant d'une main le globe universel et de l'autre bénissant le monde, occupe le centre du

Paradis. Immédiatement au-dessous est placé le Christ, entre la Vierge et saint Jean. Ce groupe, dans lequel est figuré le saint Esprit, occupe le centre du tableau et le milieu du second arc. On aperçoit de chaque côté de la Vierge et de Jean les personnages de l'Ancien et du Nouveau Testament. Plus bas, au niveau de la ligne d'un troisième arc dont les extrémités, tout en étant en perspective comme les deux autres, se rapprochent de la vue au lieu de s'en éloigner, nous apercevons les figures des Théologiens formant le concile imaginé par Raphaël. Des deux côtés de l'autel où repose l'hostie dans un soleil d'or, trônent les quatre Pères de l'Église latine : Ambroise et Augustin, Jérôme et Grégoire. Grégoire et Ambroise ont les yeux levés dans une expression d'extase. Jérôme, derrière lequel on voit Léon, est plongé dans une grave méditation dogmatique, tandis qu'Augustin, un livre fermé sur les genoux, instruit avec ardeur un néophyte qui prend des notes. Derrière Ambroise et Augustin, on aperçoit Thomas et Bonaventure, séparés par le pape Anaclet. Et, près du spectateur, Innocent III, en tête d'un groupe de penseurs laïques, regarde l'auguste assemblée avec un visage éclairé.

Parmi ces penseurs, Dante figure en première

ligne ; puis viennent Fra Angelico et Bramante dont Raphaël s'est plu à perpétuer les traits. Voici, en pendant avec Innocent III, le pape Grégoire le Grand. Et enfin les figures épisodiques, plus lointaines, occupent les extrémités de la fresque : disputeurs, chercheurs, philosophes dont les groupes concourent à l'intérêt général de l'œuvre.

Telle est cette *Dispute*. Raphaël s'y montre merveilleux déjà. Si les personnages trahissent les traces du style antérieur que Santi va transformer, il faut remarquer que cette scène n'est pas un concile, mais la rencontre des plus grands docteurs de la science divine. On a dit, et on a très bien fait de dire qu'il ne s'agit point ici d'une œuvre de beauté neutre. Qu'on le veuille ou non : c'est une page de la foi du moyen âge dans toute sa puissance inscrite par le génie du peintre aux murs du Vatican. J'ajoute que, comme coloris, cette œuvre est une des créations les plus accomplies de Raphaël.

Aussi, cet ouvrage est-il le vrai couronnement des écoles préraphaëliques. Tout y est jeune, robuste, printanier. Les têtes, à force de finesse, atteignent à la grâce tranquille et vraie de l'expression. L'éclat de la lumière encadre avec une heureuse harmonie les personnages en scène. Des nuances diverses et vives empêchent la monotonie. Raphaël a résolu ce difficile problème esthétique avec une puissance de palette que les plus illustres Vénitiens, eux-mêmes, ont admirée sans réserve.

Jules II, émerveillé de cette composition, ordonna de détruire immédiatement à coups de marteau les fresques exécutées dans les salles voisines par Bramantino, Signorelli et autres artistes. Il résolut de les faire repeindre en entier par Santi. On n'épargna que les quelques ornements du Sodoma parant le plafond voûté de la *Signature* et une autre voûte peinte par le Pérugin et que son disciple, par un pieux sentiment, fit respecter.

En regard de la *Dispute du Saint-Sacrement*, Raphaël peignit l'*École d'Athènes*. Et cette fois, il s'éleva au plus haut degré de perfection qu'il ait jamais atteint. Par la seule puissance de son esprit, il devina ce qu'il ignorait de l'antiquité, et, dans un temps où la science iconographique n'existait pas encore, il précéda l'érudition par ses conjectures géniales.

L'artiste nous transporte au sein d'une assemblée idéale des philosophes de Grèce et d'Asie, tenue à Athènes ,dans le jardin d'Académus. Afin de nous montrer ces grands hommes tous ensemble, il les suppose contemporains, comme ils le sont sans doute dans l'Élysée que peuplent leurs ombres. Sous l'arcade d'un superbe édifice exhaussé de quatre marches et que Vasari nous dit avoir été dessiné pour Raphaël par Bramante, voici les deux philosophes de la raison et du sentiment, Platon et Aristote, placés au centre du tableau et entourés de leurs disciples parmi lesquels on distingue un jeune héros, tête nue, Alexandre le Grand. Auprès d'eux, sur la même plateforme, Socrate cause avec Alcibiade. Plus près de nous, du même côté, Pythagore écrit ses tables immortelles au milieu d'un groupe attentif où figurent Empédocle, Épicharme et Archytas. Un élégant adolescent s'éloigne de Pythagore pour se rapprocher de Platon : il n'est autre que le compatriote de Raphaël, François-Marie de la Rovère, duc d'Urbin, neveu de Jules II. Derrière Pythagore on voit Épicure qui, couronné de pampres, écrit ses préceptes si calomniés et que Raphaël eut le tort de représenter comme l'apôtre du sensualisme. Le philosophe, assis sur une pierre dans une attitude découragée, est le sceptique Arcésilas, tandis que l'homme vautré sur les marches du portique est Diogène.

Non loin de Diogène, un jeune homme qui voudrait, semble-t-il, prêter attention aux préceptes du Cynique en est détourné par un sage qui lui désigne du doigt Aristote et Platon.

Au premier plan, à l'opposé du groupe de Pythagore, est le groupe des géomètres. Archimède, auquel Raphaël a donné les traits de Bramante, y trace une figure géométrique avec un compas. Derrière lui on aperçoit Euclide, inventeur de la science et des célèbres propositions, et Zoroastre. Ptolémée délimite la géographie. Puis, dans un coin et aux côtés de Zoroastre, apparaissent la tête du Pérugin et celle de Santi.

On peut dire vraiment que jamais on ne vit refleurir avec plus de grâce, d'élégance et d'éclat, le goût de l'antiquité. Apelles, lui-même, n'aurait pu désavouer ce tableau ; Protogène non plus. Ces deux artistes en eussent sans nul doute aimé le facile mouvement, l'aisance, la richesse sans surcharge et cette harmonieuse représentation de leurs compatriotes.

Platon montre le ciel du doigt, Aristote éduque, Socrate raisonne. Les disciples de Pythagore méditent sur la doctrine mystérieuse de leur maître étudiant les secrètes harmonies des nombres et la transmigration des âmes. Diogène étale son cynisme. Épicure écrit sa magnifique théorie du plaisir dans la pratique de la vertu. Arcésilas souffre de ses doutes. L'éclectique recueille des notes.

A ne considérer ici que la beauté de l'ordonnance, l'*École d'Athènes* est un modèle unique du don, échu à Raphaël, de multiplier les personnages sans confusion, de peupler une toile sans l'encombrer, d'y unir la pondération à la symétrie sagement ordonnée et d'y répandre « l'unité dans une variété charmante ». Et le désordre simulé de l'arrangement pittoresque marque, en somme, de la façon la plus heureuse, l'ingénieuse et habile intervention de l'art.

Le troisième côté de la *Chambre de la Signature* qui donne sur la cour du Belvédère est orné de la fresque du *Parnasse*.

Qui n'a vu la belle gravure de Marc-Antoine représentant le *Parnasse*? Un paysage ombragé de quelques lauriers encadre la scène. Nous sommes transportés, semble-t-il, dans les Champs Élysées, « dans ces champs délicieux, ces riantes « prairies, ces bois toujours verts, séjour de la « félicité », dont parle Virgile. « Là, un air plus « pur revêt la campagne d'une lumière pourprée...

« Les unes (les Ombres) frappent la terre en « cadence et chantent des vers. Le chantre divin « de la Thrace, en longue robe de lin, fait résonner « harmonieusement les sept voix de sa lyre qui « vibre tantôt sous ses doigts et tantôt sous l'ar- « chet d'ivoire...

« D'autres Ombres, couchées sur l'herbe, « chantent en chœur un joyeux péan sous l'om« brage odorant d'une forêt de lauriers où l'Éridan, « descendu sous la terre, roule ses abondantes « eaux. Là sont... les poètes religieux qu'Apollon « inspira et ceux qui, par l'invention des arts, « civilisèrent les hommes [1]. »

Dans le *Parnasse,* Raphaël a représenté les Muses. Auprès d'elles, voici le vieil Homère au beau visage inspiré [2]. Comme Raphaël a bien traité ici la renaissance des lettres antiques! Quelle douce lumière ambrée entourent les figures adorables des dix Muses : Euterpe, Calliope, Uranie, Erato, Terpsichore, Thalie, Clio, Polymnie, Melpomène et Sapho qui mérite d'être admise dans la troupe céleste. Cette Sapho porte le masque de la belle Impéria, l'idole d'Augustin Chigi. Vittoria Colonna, l'amie de Michel-Ange [3], est assise, sceptre en main, aux pieds d'Apollon.

Mais revenons au vieil Homère. Il chante ses vers immortels et un jeune homme les écrit à mesure qu'ils tombent des lèvres du rhapsode.

1. Cf. *Enéide.* Liv. VI, vers 657 et sqn.

2. Raphaël interpréta ses traits d'après la statue de Laocoon exhumée en 1506 dans la vigne de Felice de Fredis.

3. Cf. dans *Michel-Ange à Rome* le passage relatif à l'amitié de Buonarotti et de V. Colonna (Lemerre).

Dante, couronné de lauriers et revêtu d'un manteau rouge, semble guidé par Virgile qui lui montre Apollon. Et voici Pindare, Alcée, Horace, Ovide, Properce, le vieil Ennius, Plaute, Térence, Boccace, Pétrarque, Sannazar, cortège sacré des Muses immortelles.

Le *Parnasse* est le tableau de la jouissance de la vie. Le privilège de l'inspiration et de la poésie est réservé à l'auteur de l'*Iliade*; celui de la musique à Apollon. Les autres personnages causent tout simplement. Le vêtement idéal recouvre jusqu'aux poètes modernes. Dante fait seul exception avec son capuchon. Le laurier, commun à tous les personnages du *Parnasse*, les élève au dessus de l'histoire et de la réalité. Les Muses ne se partagent pas entre les poètes, au gré de chacun d'eux. Elles sont réunies au haut de la colline, de manière à leur être communes comme l'inspiration et la vie. Elles n'ont pas le caractère exact de l'antique. Raphaël les a faites siennes.

La quatrième paroi de la *Chambre de la Signature* est ornée de trois fresques séparées par une large fenêtre. La première représente la *Prudence*, la seconde la *Force*, la troisième la *Modération*. Elles sont reliées entre elles par des angelets d'une grâce très pure. Les compartiments inférieurs aux deux côtés de la fenêtre sont occupés par deux compositions : *Justinien promulguant les Pandectes, Grégoire IX promulguant les Décrétales*.

Les peintures d'angle de la voûte représentent des sujets se rapportant avec ingéniosité aux fresques des parois voisines : *le Jugement de Salomon, Apollon et Marsyas, Adam et Ève* et *l'Astronomie*.

Telle est cette salle de la *Signature*. Ce que je désespère de faire suffisamment ressortir dans cet ensemble de chefs d'œuvre, c'est le don supérieur de la décoration, la beauté d'une ornementation polychrome dont la richesse est inouïe, l'effet des couleurs tantôt opposées les unes aux autres, tantôt mariées avec harmonie dans les médaillons ou les arabesques qui séparenr les neuf compartiments de la voûte. Comment décrire, par exemple, les bas-reliefs fictifs séparés par des cariatides en clair-obscur, c'est-à-dire d'une seule couleur et qui soutiennent la corniche ? Ah ! la misère des mots, l'insuffisance de l'expression, l'aridité, l'obscurité du rendu, jamais je n'en ai senti davantage toute l'étendue ! Rien ne paraît chargé dans ces compositions. Mais un examen attentif découvrira tout un monde de merveilles. Ces bordures à simples feuilles d'eau, grises sur fond d'or ; ces encadrements si fermes de ton dans leurs élancements souples ; ces polyèdres d'un azur plus sombre pour ne pas nuire au bleu léger des ciels : tout est combiné avec une science plus que prodigieuse. Dans certains de ces panneaux le champ doré de l'éther apparaît sur des fonds de verdure d'où se détachent, dans une fraîcheur rosée, des corps souples et jeunes. Il y a des médaillons où des personnages blonds sur un fond d'or sont assis sur des cathèdres qui ont pour bras des Hermès d'un ton presque incolore ; leur vêtement est une tunique bleu pâle qui s'associe à miracle aux teintes effacées de la draperie. Les jeux de palette de Raphaël, l'eurythmie qui en résulte, la gamme pénétrante et claire de ces nuances, atténuées pour s'harmoniser avec l'or éteint, baignent les héros dans une clarté surnaturelle dont aucun procédé perceptible ne saurait trahir l'artifice.

J'ai dû m'attarder longtemps à la *Chambre de la Signature*, car il s'agit ici de la première œuvre considérable où il règne une pure harmonie entre la forme et la pensée. Pour la première fois apparaît l'animation de l'idée sous l'élégance et l'esthétique de la forme. Nous retrouverons, dans la *Chambre d'Héliodore* et dans celle de l'*Incendie*, les belles qualités de Santi. Mais nous n'y retrouverons pas cette impression d'ensemble, cette adéquation entre la raison et le sentiment, cet équilibre parfait entre l'idée et l'inspiration, l'imagination créatrice et le talent.

CHAMBRE D'HÉLIODORE

La *Chambre d'Héliodore* a été peinte très probablement de 1512 à 1514. Raphaël, quand il commença à décorer cette pièce, aspirait aux sujets dramatiques et mouvementés. La composition tout entière est une allusion flatteuse aux vertus de Jules II se glorifiant d'avoir repoussé l'invasion de l'Italie, — c'est-à-dire les Français des États de l'Église.

Sous le pontificat du grand-prêtre Onias, Héliodore, préfet du roi Séleucus, pénétra dans le temple de Jérusalem pour y enlever l'argent qui s'y trouvait déposé. Tout à coup, un cavalier miraculeux fondit sur le voleur et le renversa. Santi a représenté cette scène. Deux anges sont prêts à frapper de verges le sacrilège, comme il est dit au Livre des Macchabées. Au fond du tableau, le grand-prêtre Onias invoque l'aide de Jéhovah ; mais il ne voit pas le châtiment d'Héliodore tant il a été soudain. Quelques femmes seulement, plus rapprochées du lieu où s'opère ce prodige, en paraissent épouvantées.

A la gauche du tableau, Jules II, le libérateur, paraît, porté sur la *sedia* par les segettari. Cette œuvre, pleine de mouvement, d'énergie et d'action, contraste avec la tranquillité et la sage élégance de l'*École d'Athènes* et de la *Dispute du Saint-Sacrement*.

La seconde fresque de la *Chambre d'Héliodore* offre d'étonnantes qualités de coloris. Le sujet en est la *Messe de Bolsène*. Il s'agit là d'un miracle qui avait eu lieu sous Urbain IV, à Sainte-Christine de Bolsena, où un prêtre, doutant de la présence réelle, aurait vu, dit la légende, des gouttes de sang sortir de l'hostie et rougir l'autel. La scène est étagée au-dessus et des deux côtés de la fenêtre. Jules II et ses cardinaux assistent à la messe. La figure du prêtre officiant est pleine de honte et de confusion. « *Si conosce*, dit Vasari, *nell' attitudine delle mani, quasi il tremito e lo spavento che si suole in simili casi avere.* » Le contre-coup de l'épouvante du prêtre se manifeste dans les expressions diverses des assistants échelonnés sur les degrés de l'autel. Il convient de remarquer, auprès de l'extérieur plein d'humilité repentante du prêtre officiant, les démonstrations de surprise des assistants, les regards courroucés qu'un des cardinaux lance à l'incrédule, les traits calmes, les physionomies simples et rudes des soldats à genoux.

Le coloris de Raphaël s'est perfectionné d'une façon singulière dans ce nouvel ouvrage. Les demi-teintes, la variété des couleurs sont d'une belle vigueur. Santi a découvert ici des ressources jusqu'alors inconnues à la fresque. Et son œuvre dépasse de beaucoup à cet égard les fresques de Titien, dans l'église Saint-Antoine, à Padoue.

Jules II était mort au mois de février de l'année 1513. Le cardinal Jean de Médicis lui succéda sous le nom de Léon X.

Ce nouveau pape élevé dans l'atmosphère intellectuelle de Florence était un grand seigneur, ami des lettres et des arts. Ce fut le Pontife de la magnificence, l'amateur et l'auteur de solennités de toutes sortes. Son caractère était affable et gai. Raphaël trouva en lui un second et puissant protecteur.

« Ce gros homme, myope, presque borgne, « versé dans les lettres grecques et latines, musi- « cien consommé, savait distinguer et apprécier « tous les talents », dit M. Clausse dans son remarquable ouvrage sur les San Gallo [1].

Il s'entourait de brillants esprits : c'étaient d'abord son frère, Julien de Médicis, et son cousin germain, le cardinal Jules de Médicis, le futur

1. *Les San Gallo, architectes, peintres, sculpteurs, médailleurs, XVe et XVIe siècles*, par Gustave Clausse, tome I, page 38 (Paris-Leroux).

Clément VII. Aux humanistes, prélats, diplomates et banquiers attachés à la cour de Jules II et que Léon X avait attirés, s'étaient joints de nouveaux savants et de nouveaux poètes : le Vénitien Navagero, Beazzano, Antoine Tebaldeo, Jacques Sannazar. Les artistes se nommaient : Bramante, Fra Giocondo, Giuliano da San Gallo. Il en arrivait de tous les coins de l'Italie. Tantôt c'était Léonard de Vinci, tantôt Fra Bartolommeo. Le Sodoma offrait au pape un tableau représentant la *Mort de Lucrèce*. Luca Signorelli lui demandait de l'emploi. Sébastien de Venise ou del Piombo se faisait remarquer déjà par ses compositions.

Raphaël, sur la demande de Léon X, peignit, dans la *Chambre d'Héliodore*, les deux fresques qui manquaient encore. Il représenta donc la *Délivrance de saint Pierre*. Le nouveau Pape, quand il était Jean de Médicis et légat de Jules II, avait été fait prisonnier à la bataille de Ravenne, en 1512. En choisissant pour sujet la *Délivrance de Pierre* autour de la fenêtre opposée à la *Messe de Bolsène*, Raphaël faisait sa cour à Léon X. Il commémorait la captivité et l'évasion du pontife par le spectacle de la captivité et de l'évasion du Prince des apôtres.

Le peintre, malgré les difficultés d'une surface anguleuse et gênante, représenta au-dessus de la fenêtre une prison dans laquelle, derrière des barreaux de fer, apparaît Pierre chargé de chaînes et endormi. Deux soldats sommeillent près de lui : l'un à sa tête, l'autre à ses pieds. Un ange vient réveiller le captif et remplit de sa lumière céleste tout l'intérieur de la prison. A l'extérieur et sur les marches placées à gauche de la fenêtre des rayons lunaires éclairent faiblement quatre soldats. Deux d'entre eux, effrayés par l'apparition lumineuse de l'ange, vont réveiller leurs compagnons. Une torche, qu'ils viennent d'allumer, les éclaire plus fortement que la lune et produit un étrange effet de lumière. De l'autre côté, Pierre sort de sa prison, conduit par l'ange qui lui sert de guide et de flambeau. La lueur de l'ange fait étinceler les armures de deux soldats endormis sur les marches du double escalier qui monte à la prison. Il faut admirer ici l'innovation de Raphaël qui aborde, et en maître, les difficultés du clair-obscur. Et ces jeux de lumière n'empêchent pas de remarquer la sérénité de l'apôtre Pierre, la grâce de l'ange, l'exquis et admirable naturel qui tempère l'invraisemblance de la scène.

Cette fresque fut achevée en 1514, la seconde année du règne de Léon X. Ce fut encore en l'honneur de ce pontife que Raphaël choisit pour quatrième sujet de la *Chambre d'Héliodore*, la *Défaite d'Attila*. Cette grande composition fait face à la scène d'*Héliodore*. « Attila, roi des Huns, sur- « nommé le Fléau de Dieu, s'avançait vers Rome « pour la détruire. Saint Léon le Grand, digne, « cette fois, du nom que lui donnèrent ses contem- « porains, ose aller à la rencontre d'Attila. Il « s'agissait de toucher cette âme féroce ou d'être « massacré. Le Pontife arrive sur le Mincio (entre « Mantoue et Peschiera); il va parler au roi barbare. « Attila est persuadé, c'est-à-dire rempli de terreur « par la vue des apôtres Pierre et Paul qui, armés « d'une épée, paraissent dans le ciel ». Et Stendhal, auteur de ce passage, ajoute cette remarque si juste : « Admirable invention de Raphaël pour « représenter aux yeux la persuasion telle qu'elle « pouvait entrer dans le cœur d'un sauvage furieux « envahissant la belle Italie. »

Le souple génie de Raphaël remue ici la pantomime des personnages, exprime leurs passions barbares avec une étonnante intensité. Cette scène puissante d'Attila et de Léon le Grand est composée presque exclusivement de cavaliers. Santi a très heureusement utilisé, pour l'apparition des apôtres Pierre et Paul, le peu de place laissée par le déploiement et l'anatomie des chevaux encombrant ou plutôt peuplant la scène.

Les deux apôtres ne trônent pas sur les nuages. Loin d'être immobiles ils s'avancent, la face irritée, comme les compagnons mêmes et les sauveteurs de la vie du pontife. Seul des Huns, Attila voit ce qui se passe. Son geste dénote un effroi inouï. Dans sa suite, les chevaux paraissent comprendre plus que les hommes. L'instinct les guide en quelque sorte. Ils deviennent rétifs et se cabrent violemment, ce qui double l'intensité du spectacle. Au-dessus des animaux affolés le ciel se couvre ; un vent d'orage fait claquer les étendards. Seul, le cheval noir d'Attila demeure immobile, afin que l'expression angoissée du roi ne provienne pas du cabrement de son coursier.

Les peintures de la voûte de cette deuxième chambre n'ont qu'une importance secondaire en comparaison des quatre fresques dont nous venons de nous occuper. Des ornements en clair-obscur, œuvres d'artistes antérieurs, séparent ces peintures. Raphaël y a représenté des histoires tirées de la Bible : *Noé sauvé du déluge*, *Moïse à qui apparaît le buisson ardent*, *le Sacrifice d'Abraham*, *le Songe de Jacob*. Il se peut que Santi ait eu l'idée de ces compositions en contemplant l'œuvre de Michel-Ange à la Sixtine. Il était, en effet, au milieu des travaux de la *Chambre d'Héliodore* lorsqu'il perdit Bramante, son vigilant protecteur. Or l'architecte de Saint-Pierre avait fait un jour pénétrer secrètement Raphaël dans la chapelle Sixtine, pour y étudier le style de Buonarotti travaillant alors à ses merveilleuses figures de Prophètes et de Sibylles. Et Vasari affirme que l'Urbinate ne dut l'agrandissement de sa manière et la croissante ampleur de son style qu'à cette contemplation des fresques du grand Florentin.

CHAMBRE DE L'INCENDIE DU BOURG

Pénétrons maintenant dans la troisième chambre. Jusqu'à présent Raphaël a peint lui-même. Il n'en sera plus ainsi dans cette salle dénommée : *Torre Borgia*. En effet, Santi, accablé par les commandes qui lui affluent de toutes parts, ne peut plus suffire aux grands tableaux. Aussi se fait-il suppléer dans ce travail par ses élèves, comme Jules Romain et Jean d'Udine, après leur avoir donné quelques indications de dessin.

Nous ne nous arrêterons dans la *Tour Borgia* qu'à la seule œuvre de Raphaël, — et encore de bons esprits l'ont-ils contestée — œuvre qui a, du reste, donné son nom à la pièce : l'*Incendie du Bourg*. Une inscription placée sur le tableau même apprend que, sous Léon IV, un incendie consuma entièrement un quartier de Rome, le Borgo Vecchio, qui avoisine Saint-Pierre. Le Pape, en donnant sa bénédiction du haut de la loge pontificale, aurait arrêté les progrès des flammes.

L'artiste a laissé le pape et sa suite à l'arrière-plan. Il a mis, au contraire, en évidence, non l'image de l'incendie, mais les scènes de trouble, de terreur et de désolation que cause un pareil désastre. On ne voit là ni poutres enflammées, ni toits croulants, ni pierres noircies, ni gerbes de feu, ni tourbillons de fumée occupant les trois quarts du tableau. Ce n'est pas l'horreur physique de l'incendie que l'artiste étale à nos regards, mais c'est, en quelque sorte, l'effroi psychologique des gens qui en sont témoins. Le mouvement des personnages est admirable. Les uns apportent de l'eau en hâte; les autres fuient, sans savoir où, la tête perdue. Des femmes, cheveux épars, tentent de sauver la vie de leurs enfants. L'une d'elles, du haut d'un mur, va jeter le sien, encore dans les langes, au père qui se hausse sur la pointe des pieds pour le recevoir. Un adolescent, suivi de sa femme et de son fils, porte sur ses épaules un vieillard, comme Enée porta jadis son père Anchise, durant l'incendie de Troie. Des femmes, en des gestes suppliants, implorent le ciel ou se tournent vers Léon IV pour réclamer assistance. Mais un vent violent agite les draperies et les chevelures. On a l'impression, ce vent, qu'il rend plus intense le foyer et propage l'incendie. Aussi les infortunés se sauvent-ils sans même prendre le temps de se couvrir d'un vêtement quelconque, comme ce jeune homme entièrement nu qui, suspendu par les mains au sommet d'une muraille, va se laisser tomber à terre.

La grâce des physionomies et la beauté que les femmes vraiment belles montrent dans leurs moindres attitudes apparaissent dans cette fresque. La jeune fille ayant sur la tête un vase d'eau et criant au secours est digne de la statuaire antique. Si Raphaël, comme l'affirme Vasari, a voulu entrer ici en lutte avec Michel-Ange pour la représentation du nu, l'occasion était bien choisie. Et si l'artiste n'a pu égaler peut-être dans cet incendie, qui est moins l'incendie du Bourg que de Troie elle-même, le caractère, les contours hardis, le grandiose du pinceau de Buonarotti, son infériorité dans la représentation plastique n'est-elle pas rachetée ici par la vérité de l'expression, l'intérêt et le pathétique des épisodes ?

Une fois de plus, dans cette œuvre « Raphaël prouvait que personne n'avait jamais su mieux choisir les circonstances favorables à l'expression du sujet, ni trouver des détails plus ingénieux pour rendre intelligible la signification de la scène représentée, montrant encore ce qui vient d'avoir lieu et ce qui va se passer. C'est en cela que se manifestent la puissante imagination, la haute raison, le sentiment exquis et la science profonde de ce maître divin »[1].

Après l'*Incendie du Bourg*, Raphaël n'eut plus le loisir de travailler aux autres panneaux de cette salle non plus qu'à ceux de la dernière dénommée : *Chambre de Constantin*, d'après la fresque due à l'élève favori de Santi : Jules Romain.

Je dirai seulement qu'à l'exemple de Sebastiano del Piombo qui avait, le premier, exécuté des peintures murales à l'huile, Raphaël voulait peindre cette quatrième salle d'une manière analogue. Il composa donc une esquisse générale de l'ensemble, puis des dessins pour deux figures allégoriques de chaque côté du sujet de la *Bataille de Constantin*, plus une esquisse au lavis qui représentait la *Harangue de Constantin* à ses soldats. Il avait fait peindre à l'huile, sous ses yeux, les figures de *la Justice* et de *la Bonté* par Jules Romain et Francesco Penni, selon le rapport de Vasari, quand il fut surpris par la mort, en 1520. Léon X mourut l'année suivante. Adrien VI son successeur, ne fit rien pour les arts. Mais Clément VII, en 1523, fit poursuivre les travaux. Jules Romain et Francesco Penni

1. David Sutter : *Esthétique générale.*

renoncèrent à exécuter ces peintures à l'huile. Ils reprirent les procédés de la fresque et démolirent le crépi préparé du vivant de Santi. Mais ils eurent soin de conserver les figures allégoriques de *la Justice* et de *la Bonté* peintes à l'huile sous les yeux du maître. Raphaël del Colle et Giovanni da Lione les aidèrent dans la décoration de cette quatrième chambre.

B. — *Les Loges.*

Transportons-nous dans l'aile droite du Vatican qu'on appelle aujourd'hui *les Loges de Raphaël.* Guillaume Majano, architecte florentin, en avait tracé le plan. Jules II, n'en étant pas satisfait, chargea Bramante de le modifier. La mort surprit le pontife et l'architecte dans leurs projets en cours d'exécution. Léon X et Raphaël continuèrent l'œuvre entreprise. D'après un modèle en bois que Santi fit faire sur ses dessins on vit s'édifier le portique entourant de trois côtés la cour de Saint-Damase. Le bâtiment eut trois étages se développant sur trois ailes; chacune recevait l'air et le jour par une galerie ouverte de trente arcades. On aperçoit de ce portique merveilleux toute la ville de Rome et les campagnes voisines baignées de lumière. La vue ne s'arrête qu'aux monts des Abruzzes. C'est, à mon sens, un des plus beaux spectacles qu'il y ait au monde.

Plusieurs maîtres, parmi lesquels le plus célèbre est Jean d'Udine, ornèrent le premier étage de peintures à treillages. Le chevalier d'Arpino, Paul Bril, Tempesta, Nogari et d'autres, décorèrent le troisième. Mais c'est au second étage, dans la première aile, qu'on admire encore, malgré leur mauvais état, les peintures historiques et les arabesques exécutées ou inspirées par Raphaël dont on peut voir, dès le vestibule, le portrait sculpté par Alexandre d'Este. Sur chacune des treize petites coupoles qui terminent les arcades de la première aile sont peints à fresque quatre sujets tirés de la Bible, ce qui forme un total de cinquante-deux morceaux dessinés par Raphaël et exécutés sous ses yeux par ses élèves. Cette série de fresques a été surnommée : la *Bible de Raphaël*. Quelques-uns de ces morceaux ont pu être retouchés par le maître. D'autres, comme *la Création*, seraient de sa main. L'Éternel, un vieillard, ouvre les abîmes du néant pour en tirer la terre. Un grand mouvement emporte le Créateur dans l'espace et agite sa chevelure divine. L'*Ève* du péché originel passe aussi pour être de Raphaël. Jules Romain, Penni dit le Fattore, Pellegrino de Modène, Perino del

Vaga, Raphaël del Colle sont les auteurs de ces peintures. Quant aux étonnantes Arabesques qui les entourent, elles furent exécutées, toujours sur les dessins du maître, par Jean d'Udine. L'ensemble de la *Bible de Raphaël* que les intempéries atmosphériques abîmèrent pendant trois siècles et qui est aujourd'hui bien effacé, puisque l'aile ne fut abritée d'un vitrage que sous Grégoire XVI, a été reproduit en gravure par Jean Ottaviani d'Aquila, Chaperon et Meulemeister.

Volpato, lui, a gravé les Arabesques dont Raphaël eut l'idée d'encadrer ses compositions. L'inépuisable variété, le joyeux éclat de ces ornementations ressuscitent le génie antique dans sa splendeur, en font comme un éclatant manifeste de la peinture décorative moderne. Des fruits et des fleurs que traçait à merveille Jean d'Udine s'unissent à toutes les grâces de la fiction. Des figurations animées peuplent ces pilastres inertes. La vie circule sur la pierre. De fantastiques personnages sourient et amusent le spectateur. Des dieux marins sonnent de la conque. Des Nymphes, des Sirènes se dressent au-dessus des roseaux. Des tourterelles volent. Des insectes ailés, des oiseaux se disputent le calice des fleurs. Des Naïades jouent au bord des eaux. Des lézards rampent sur la mousse.

Des Gnômes, des Goules, des Satyres, des Follets s'ébattent à l'aventure. Une femme paraît être le lien associant l'une à l'autre la vie du guerrier et celle du laboureur : le premier protégeant le second. Des fleurs tombent en dentelles, courent en grappes, festonnent les murs. Des volatiles sont échelonnés dans le feuillage avec une secrète symétrie. Ils s'appellent, ils se répondent de branche en branche, tandis que des rosaces s'enroulent et montent avec grâce, encadrant une Sylphide ou garrottant de liens odorants un monstre emprisonné. Les Ages, les Saisons, les Jeux, les Parques, les Vertus sont là avec leurs emblèmes et leurs ornements. Sur un pilastre, de petits Génies s'exercent à d'ardentes luttes. Un adolescent et une adolescente s'appuient l'un sur l'autre. Autour d'eux, des branches de myrte figurent le printemps de l'année en regard du printemps de l'amour. Des enfants s'amusent avec les pampres mûrs, symboles des vendanges. Non loin d'eux des feuilles vertes ici, là déjà frappées des teintes funèbres des premiers froids, rappellent l'automne. Voici enfin l'image d'un vieillard drapé dans son manteau entre deux arbres dépouillés. Et l'on éprouve un moment les frissons de l'hiver, du *glacialis hyems* que ne connaissent guère les habitants de l'heureuse Italie.

« Ainsi, Raphaël a prodigué les inépuisables « ressources de son esprit dans ce vaste et mer- « veilleux ensemble d'ornements dont l'antiquité « lui a fourni assurément le modèle, mais dans « lequel il n'a jamais eu que de pauvres imita- « teurs et d'impuissants émules[1]. »

C. — *Les Tapisseries.*

Je tiens à mentionner ici les tapisseries dites *Arazzi* parce qu'elles furent fabriquées dans les Flandres, sur les cartons que Raphaël avait préparés, à la demande de Léon X, pour en orner la chapelle Sixtine. Ces *tapisseries*, qui représentent quelques épisodes des *Actes des Apôtres*, peuvent compter parmi ses plus parfaites créations et forment autant de scènes charmantes, surtout la *Pêche miraculeuse*, pleine d'animation et de couleur locale, la *Vocation de saint Pierre*, la *Mort d'Ananias*, une des plus saisissantes de la série, le *Châtiment d'Elymas*, *Paul devant l'Aréopage*, *Paul à Lystra*, *Paul en prison*. Santi dans ces dessins est arrivé à se renouveler, à élever son style, à lui donner tantôt un caractère de tranquille beauté, comme dans la *Conversion de saint Paul*, tantôt un charme

1. Armengaud.

mystérieux comme dans la *Pêche de saint Pierre*. L'ensemble trahit encore l'indestructible invention du maître, son art inouï du développement, la science innée de subordonner les détails à la plus modeste composition.

V. — AUTRES FRESQUES DE RAPHAEL A ROME

Les Chambres, les Loges, les cartons des Tapisseries : tels sont les grands travaux accomplis pour les papes par Raphaël à Rome. Mais il exécuta aussi un grand nombre de fresques pour les églises et pour des particuliers.

La plus ancienne des fresques peintes par Santi, en dehors de ses travaux du Vatican, est l'*Isaïe* qu'on voit sur l'un des piliers de la grande nef de l'église San Agostino (Saint-Augustin). L'influence de la Sixtine se fait sentir à coup sûr dans cette œuvre ; pourtant celle de Fra Bartolommeo y est plus puissante encore.

Il aurait décoré ensuite la chapelle de la maison de chasse du Pape Jules II et de Léon X, nommée la Magliana, située près du Tibre, et faisant actuellement partie du couvent des religieuses de Sainte-Cécile, dans le quartier du Transtevere.

LES SIBYLLES DE SAINTE MARIE DE LA PAIX

Mais la célèbre fresque de Santa Maria della Pace (Sainte Marie de la Paix) montre Raphaël dans une rivalité toute autre avec Michel-Ange. L'artiste entreprit ce travail à la demande du banquier Agostino Chigi. Cet homme opulent et fastueux était en même temps un amateur éclairé des beaux arts. Il ne cessa de donner à Santi des commandes dont le peintre s'acquitta avec un soin remarquable. L'histoire de leurs relations forme un chapitre de l'histoire de l'art. Chigi demanda donc à l'artiste dont il était l'admirateur et l'ami de peindre dans l'église de Sainte-Marie de la Paix des Prophètes et des Sibylles. Raphaël les exécuta vraisemblablement vers 1514, après avoir achevé ses fresques de la *Chambre d'Héliodore*.

Les Sibylles de Santa Maria della Pace, ces figures de femmes inspirées, se séparent complètement de l'idéal représenté dans les muses antiques. On peut dire qu'à cet égard elles appartiennent à la symbolique du moyen âge avec les anges qui aident à les caractériser. Michel-Ange concentre tout le surnaturel dans les figures mêmes des Sibylles. Chez Raphaël, la réunion des Sibylles et des anges caractérise l'enthousiasme de la révélation et de la connaissance. Anges et femmes ont une vivacité charmante. Leur ordonnance, leur parfaite symétrie, la beauté des formes et des expressions placent cette œuvre parmi les plus accomplies de Raphaël. L'une des Sibylles, la Sibylle Tiburtine, se rapproche des compositions de Buonarotti. Mais l'ensemble des peintures, pour n'avoir pas l'empreinte géniale du maître florentin, a plus d'amabilité et d'humanité. Les Sibylles de Raphaël, à Santa Maria della Pace, sont bien les sœurs des Muses du *Parnasse* (*Chambre de la Signature*). De toutes les fresques du maître, c'est peut-être celle qui excite le plus rapidement la sympathie du spectateur.

Quant aux *Prophètes* que Raphaël devait peindre dans cette même église, il n'en eut pas le temps et laissa ce soin à son ami Timoteo delle Vite.

CHAMBRE DE BAIN DU CARDINAL BIBIENA

Il peignit ensuite, vers 1516, pour le cardinal Bibiena, qui, en sa qualité de secrétaire intime de Léon X, logeait au Vatican, une chambre de bain. Il la décora dans le goût antique, et y plaça des sujets mythologiques qu'il encadra de grotesques et de dessins architectoniques. De délicats petits amours se jouent avec des dauphins et des cygnes. Des dieux fluviaux chevauchent des monstres marins. La partie supérieure de la pièce est ornée à miracle. Tout autour de la chambre, des panneaux représentent la naissance de Vénus, Vénus et l'Amour assis sur des dauphins, Jupiter et Antiope, Vénus retirant de son pied une épine, Vénus et Adonis, Vulcain et Pallas, Cupidon et Pan et de charmants petits Amours victorieux.

Le goût du beau, propre à Raphaël, se manifeste dans cette fresque et dans les figures qui y sont représentées avec une supériorité qui ne se rencontre que bien rarement, même dans les ouvrages antiques. Bembo enviait fort à Bibiena le beau travail de Raphaël. Cette chambre de bain dépendait de l'appartement qu'habitait le cardinal secrétaire, à l'étage qui est au-dessus des *Loges*.

CHAPELLE CHIGI

En 1516 également, Raphaël, se faisant architecte, édifia et décora la chapelle Chigi dans la nef gauche de Santa Maria del Popolo (Sainte-Marie du Peuple). Les mosaïques de la coupole furent exécutées d'après ses cartons, par Luigi della Pace, artiste vénitien. Autour de Jéhovah suspendu dans les airs sont représentées les sept planètes : Mercure, Vénus, la Terre, Mars, Jupiter, Saturne, Uranus et Neptune. Une huitième sphère représente le ciel des étoiles fixes sous la protection et la conduite de messagers divins qui secondent, en quelque sorte, les divinités planétaires confiées à leur garde. La mythologie et la symbolique chrétiennes s'unissent dans le mélange le plus heureux. Raphaël a confondu les figures dans la même action; mais elles se distinguent par l'expression et le caractère. Tandis que les faces des divinités planétaires sont pleines de puissance, d'inquiétude et de passion, la physionomie des anges qui les accompagnent est empreinte d'une grande réserve et d'un grand calme. L'ordonnance des plans est d'une parfaite adéquation au sujet.

LA FARNÉSINE

Il s'agit ici de la deuxième œuvre exécutée par Raphaël pour le banquier Chigi. Pénétrons dans la belle résidence d'été que celui-ci s'était fait construire sur la Lungara, à Rome. Natif de Sienne, siège de sa maison de banque et de son immense commerce, il venait souvent à Rome pour ses affaires, et était devenu le créancier des princes et des papes en même temps que le Mécène des artistes. Comme tous les nobles italiens, il voulut avoir sa maison de campagne. En conséquence, il acquit un vaste jardin sur la rive droite du Tibre et, au bord du fleuve, à l'endroit même où étaient situés les anciens jardins de Geta, il fit bâtir par le grand sculpteur siennois, Baldassare Peruzzi, une villa délicieuse formée de deux avant-corps et d'un portique à cinq étages décoré de pilastres doriques. L'étage supérieur appartenait à l'ordre ionique. Il était orné de modillons et d'une frise à bas-reliefs d'enfants. Une belle corniche couronnait le tout. Chigi réunit dans cette demeure tout ce que peut enfanter de plus charmant le génie des arts.

Peruzzi orna quelques-unes des chambres; Sebastiano del Piombo le rez-de-chaussée de la loge. En 1513, Raphaël, sur la demande de Chigi, consentit à peindre dans une chambre latérale de gauche, la *Galatée* qui est la plus aimable des peintures mythologiques modernes.

Ici encore, nous sommes en face d'un chef-d'œuvre. La mythologie sert à représenter clairement et dans toute sa majesté l'éveil de la tendresse. Galatée, debout sur une coquille traînée par deux dauphins, est conduite par l'Amour. Une légère draperie que le vent enfle doucement, laisse deviner son beau corps. Autour d'elle s'agite une troupe de divinités marines, Tritons sonnant de la conque, Néréïdes et Centaures tendrement enlacés. En l'air des Cupidons ailés lancent des flèches à ces divinités déjà blessées par les traits d'Eros. Mais tandis que les Nymphes marines respirent une joie purement sensuelle, s'ébattent lascivement aux flots d'azur, Galatée respire un timide désir et les troubles naissants d'une idéale volupté.

A l'humaniste Balthazar Castiglione qui le félicitait de cette œuvre, Santi écrivait : « Je me tien- « drais pour un grand maître s'il y avait seule- « ment la moitié des mérites dont vous me parlez « dans votre lettre. Mais je dois attribuer vos « éloges à l'amitié que vous me portez. Je sais « que pour peindre une belle, il me faudrait en voir « plusieurs et avec la condition que vous seriez avec « moi pour m'aider à faire choix du meilleur. « Mais y ayant si peu de bons juges et de beaux « modèles, j'opère d'après une certaine idée qui se « présente à mon esprit (*io mi servo di certa idea* « *che mi viene alla mente*) ; si cette idée approche « de la perfection, je l'ignore, mais, du moins, « je m'efforce d'y atteindre. »

Dans cette même villa, les deux dernières années de sa vie (1518-1520), Santi exécuta pour la partie supérieure de la Loge les dessins de la célèbre histoire de *Psyché*. Les peintures en furent confiées à Jules Romain et Francesco Penni. Jean d'Udine s'occupa de la partie décorative et des animaux.

Parmi les différentes scènes de cette composition, il faut citer surtout l'*Assemblée des Dieux*, les *Noces de Psyché et de l'Amour*. Raphaël connaissait le mythe d'Apulée, familier alors à toutes les imaginations. La jeune Psyché, rapporte la légende, fut aimée de l'Amour. Après mille aventures et obstacles, œuvre de Vénus qui s'opposait à leur union, Cupidon et la princesse obtinrent de l'Assemblée des Dieux de l'Olympe d'être l'un à l'autre. Mercure transporta Psyché dans l'Empyrée. Les Dieux l'accueillirent et lui firent boire le nectar et l'ambroisie qui la rendirent immortelle. Cupidon épousa la nouvelle déesse qui eut de ce mariage la Volupté pour fille. Il faut voir avec quel bonheur Santi a représenté cette fable charmante. Sur le plan antérieur des voûtes tombantes, il a placé dix scènes de l'histoire de Psyché. Le fond des voûtes est occupé par des Génies planant avec les attributs des Dieux.

La surface du plafond se distribue en douze grands tableaux : Minerve, Diane, Junon, Mars, Vénus, Bacchus, Mercure y sont représentés. Et que dire de ce *Banquet des Dieux* servi par les Grâces, retentissant des accords de la lyre d'Apollon, et charmé par les Muses qui célèbrent les noces de Psyché, symbole de l'âme s'ouvrant aux délices de l'amour ? L'espace est représenté idéalement par un fond bleu.

Ah! la naïveté et la simplicité des personnages! Comme nous sentons bien en admirant cette œuvre que Raphaël n'a besoin ni de concessions, ni de commentaires. Et combien n'a-t-on pas eu raison de prétendre que « l'âme de l'homme moderne dans le royaume de la beauté et de la forme n'a pas de patron ni de protecteur plus élevé. »

VI. — TABLEAUX DE RAPHAEL ACTUELLEMENT A ROME.

Nous nous sommes exclusivement occupés jusqu'à présent, des fresques de Raphaël. Passons maintenant à ses toiles. Je ne parlerai pas de toutes les œuvres qu'il composa dans la ville pontificale. Aussi bien ses Madones sont-elles pour la plupart à l'étranger, et ses portraits disséminés dans les principaux musées d'Italie. Sa puissance créatrice fut énorme si l'on songe que, de 1512 à 1520, il ne peignit pas moins de sept ou huit Madones ou Saintes Familles : La *Madone au châssis* (palais Pitti, Florence), la *Madone du divin amour* (Naples), la *Madone de Foligno*, la *Madone de Saint-Sixte* (Dresde), la *Vierge au Poisson* (Espagne), la *Vierge à la chaise* (Florence), la *Madone de Sainte-Marie-du-Peuple*, dont l'original est, hélas! disparu, la *Pieta* qu'on admire au Louvre ; trois tableaux de visions : la *Vision d'Ézéchiel* (Florence), la délicieuse *Sainte Cécile* (Pinacothèque de Bologne), la *Transfiguration*; d'autres nombreux sujets religieux comme le *Portement de Croix*, du musée de Madrid, les *Marie sur l'escalier du Temple,* œuvre perdue mais que le bon graveur Marc-Antoine a sauvée de l'oubli; *Saint Michel terrassant le démon* (Louvre), et une quinzaine de portraits, parmi lesquels celui de *Jules II* dans le palais des Offices à Florence, *Léon X*, avec les cardinaux *de' Rossi* et *Jules de Médicis* (palais Pitti), *Fedra Inghirami*, prélat romain et archéologue (au palais Inghirami à Volterre), le *Joueur de violon* (à Paris, chez le baron de Rothschild), *Jeanne d'Aragon* dont l'original unique est au Louvre; enfin, la *Fornarina*.

Or, chose étrange, de tous les tableaux de Raphaël que je viens d'énumérer, on ne trouve à Rome que la *Madone de Foligno*, la *Fornarina* et la *Transfiguration* qui fut la dernière œuvre à laquelle il travailla et que la mort lui empêcha de terminer.

LA MISE AU TOMBEAU OU DÉPOSITION DE LA CROIX

Mais auparavant, je dois m'arrêter à la *Mise*

au tombeau de la galerie Borghèse[1]. Ce tableau fut peint à Pérouse, en 1507, pour la chapelle des Baglione et témoigne de quelques gaucheries et faiblesses. Le corps et le visage du Christ sont empreints d'un maniérisme dont Raphaël s'affranchit plus tard, ainsi que de ce faux pathétique et de cet effet théâtral qui apparaissent dans le transport du supplicié.

Le modelé des figures offre une précision qui se rapproche des époques de pure imitation du maître. Les formes sont nobles cependant. La manière de peindre a plus de largeur que dans les œuvres primitives. Les expressions ont beaucoup de force. Santi a gradué celle de la douleur avec un art infini. Le désespoir de la Vierge évanouie, la désolation des saintes femmes, les pleurs de Marie-Madeleine, l'affliction grave et contenue de Joseph d'Arimathie, la tendre émotion de Jean : tout est rendu avec soin.

Ce tableau est important en ce qu'il inaugure un nouveau style — le second style de Raphaël. On y trouve bien encore un reste de la manière étroite du Pérugin, facile à reconnaître dans le groupe du premier plan : le Christ et les

1. La galerie Borghèse a été acquise au mois de décembre dernier par l'État sur la proposition du Ministre de l'Instruction publique.

deux disciples qui le portent. Mais, en même temps, on y trouve des formes plus pleines et plus rondes, des draperies plus amples, comme on peut s'en convaincre dans le groupe des saintes femmes. Raphaël prélude ici à la plus belle évolution que doit accomplir son génie; car nous sommes au moment où sa jeunesse va finir et où commence déjà sa virilité; nous touchons à son troisième style. Et c'est pourquoi je n'ai pas voulu passer sous silence ce tableau où l'on peut trouver des emprunts faits par Raphaël à certains motifs de Michel-Ange.

La prédelle de la *Déposition de la Croix* est aujourd'hui dans la galerie du Vatican. Elle représente la *Foi*, l'*Espérance* et la *Charité*, sous forme de médaillons en grisaille sur fond vert. Santi obtient ici un grand effet avec des ressources très limitées.

Il est conjecturable que l'œuvre de la *Mise au tombeau* augmentant la réputation de Raphaël et le mettant en pleine lumière, fut pour beaucoup dans son appel à Rome par Jules II.

Abordons maintenant, par ordre chronologique les autres œuvres de Santi qui nous restent à étudier.

LA VIERGE DE FOLIGNO

La première date de 1512. C'est la *Vierge de Foligno*. Mais avant de détailler ce tableau qui fut peint par Raphaël pour Sigismond Conti, premier secrétaire de Jules II, il importe de remarquer ceci : dans aucune des Madones exécutées par Raphaël pendant son séjour à Rome, l'artiste n'a cherché à représenter la mère du Christ. C'est seulement la plus pure beauté de la femme et de l'enfant qui éveille l'idée du surnaturel. L'art, après un long silence, parvient de nouveau à ces hauteurs où, dit Burckhardt, d'elle-même et à elle seule, la beauté humaine apparaît sous une forme éternelle et divine. J'insiste sur ce point parce que nombre de spectateurs éprouvent en face des Vierges de Raphaël, je ne dirai pas une désillusion, mais un étonnement de ne pas trouver sur leurs visages cette extatique ardeur dont Angelico illumina les traits de la Mère de Dieu. Santi donnait à ses Madones les traits des plus belles Italiennes. Voyez, par exemple, comme, dans la *Vierge à la Chaise*, l'expression de maternité jointe à la beauté du costume de femme du peuple, produit un effet puissant. Il en est ainsi de la *Madone de Foligno* qui est une mère idéale plutôt que la reine des cieux. Ici encore, comme dans ses autres tableaux pieux, Raphaël a dû représenter quelque belle artisane, une de ces Transtévérines dont il admirait les formes souples, le style et la grâce[1].

La Vierge de Foligno est au milieu des nuages. Une douce bonté anime ses traits. L'enfant, porté sur ses genoux, relève un coin de son manteau d'azur. Des anges en demi-cercles voltigent autour d'elle. Sur la terre, Jean-Baptiste se montre debout. Il est revêtu d'une peau de mouton et s'appuie sur une longue croix. Il regarde le spectateur et montre du doigt la Vierge assise sur les nuages. Saint François est à genoux, ainsi que le donateur Sismondo Conti que saint Jérôme recommande à la protection de la Vierge. Dans le fond se voit la petite cité de Foligno. De tous les personnages de ce tableau celui de la Vierge est assurément le meilleur. Sa vue est touchante, délicate et douce. L'attitude tourmentée de l'enfant n'est pas très heureuse. L'extase de saint François, l'exaltation de saint Jean et de saint Jérôme contrastent avec la dévotion conventionnelle et officielle du donateur Conti dont l'exécution comme portrait est trop superficielle.

1. Cf. Charles Blanc.

LA FORNARINA

Le portrait de *la Fornarina* date, croit-on, de 1509. Cette femme que Santi aima s'appelait Margarita. Elle sut, nous dit Passavant, inspirer à Raphaël une passion que la mort seule put éteindre. Sa beauté n'avait rien d'idéal. C'était une superbe fille au point de vue plastique. *La Fornarina*, qu'on peut admirer au palais Barberini, est représentée à mi-corps, assise dans un bosquet de myrtes et de lauriers, la gorge et les bras nus, comme si elle sortait du bain. Un turban à raies jaunes encadre avec grâce sa tête et prête de la distinction et du charme à sa physionomie qui n'est ni très fine ni très animée. Sa main droite, posée sur son sein, y retient un voile transparent. Une draperie pourpre couvre ses genoux sur lesquels repose son bras gauche orné d'un bracelet d'or qui porte comme inscription : *Raphaël Urbinas*. La Fornarina est en somme une Romaine aux belles épaules, aux formes robustes, à l'air fier et majestueux, comme on en peut rencontrer encore dans les rues de Rome. Ses yeux noirs brillent d'un ardent éclat. Cette fille d'un marchand de soda, d'après Missirini, demeurait près de Sainte-Cécile, dans le Transtevere. Elle aurait habité une maison portant le n° 20 de la rue Dorothée. A cette maison était contigu un jardin. La jeune fille s'y promenait souvent. Les murs en étaient si peu élevés qu'on la pouvait apercevoir du dehors. Sa réputation de beauté attirait les jeunes gens du voisinage, les artistes surtout qui épiaient les promenades de la jeune fille et se hissaient sur la pointe des pieds pour la voir et l'admirer. Raphaël la surprit au moment où elle baignait ses pieds dans une source jaillissante. Il fut frappé de sa beauté et en tomba éperdument amoureux. Sa flamme fut partagée. Les deux jeunes gens s'aimèrent jusqu'à la mort. Telle est, du moins, la légende. Elle se rapproche souvent de l'histoire qui ressemble, d'ailleurs, fréquemment elle-même, à la légende. Mais en cette circonstance la légende a tort. Des recherches nouvelles ont prouvé que ce récit était purement fictif. Le nom de la Fornarina n'aurait été inventé qu'au XVIIIe siècle [1]. Quoi qu'il en soit, c'est peut-être à cette amie que Santi adressa un des trois sonnets qu'on a retrouvés sur les revers des dessins de la *Dispute du Saint Sacrement*, et dont voici quelques extraits : « Amour, tu m'as « enchaîné avec la lumière de deux yeux qui

1. Voir Camuccini. Bottari ne dénomme pas ainsi la maîtresse de Raphaël. Puccini (*Real Galleria di Firenze*) la cite pour la première fois.

« sont mon effroi, avec un visage de blanche « neige et de roses vives, avec un beau parler « et de jolies manières. Et mon ardeur est si « grande que ni fleuve ni mer n'en pourrait « éteindre la violence; mais ce mal me plaît « puisque mon ardeur m'est agréable au point « que plus je brûle, davantage il me plaît de brûler. « Combien fut doux le joug et la chaîne de ses bras « jetés autour de mon cou! Quelle mortelle peine « quand ils se désenlacèrent! Je passe d'autres « choses, douces à donner la mort, et je me tais, mes « pensées tournées vers toi. »

Si, du reste, les renseignements que nous avons sur cette jeune femme sont bien incertains, qu'importe ? Parce qu'elle inspira l'amour de Raphaël, elle partage à jamais l'immortalité du grand peintre, plus heureuse que maints héros, oubliés à l'heure actuelle pour n'avoir pas eu leurs traits perpétués sur la toile par un maître de l'art.

LA TRANSFIGURATION

Mais retournons au Vatican et arrêtons-nous devant la *Transfiguration*. Ce tableau, inachevé, puisque la mort surprit l'artiste au milieu de ce travail, est, je le disais plus haut, avec la *Vision d'Ezéchiel* (palais Pitti) et la *Sainte Cécile* de la

Pinacothèque de Bologne, le troisième tableau de vision qu'ait peint Raphaël.

On a critiqué l'artiste de s'être, dans cette œuvre, affranchi de l'unité d'action. Pour moi, je ne saurais être nullement choqué des deux scènes tout à fait différentes réunies dans un même tableau. « Ce coup d'audace, dit Burckhardt, ne serait pas à conseiller à tout le monde; il était à propos ici. » L'unité d'action est obligatoire dans un tableau où l'action doit être une et caractéristique, mais non dans le cas qui nous occupe, car, en cette occurrence, la double action matérielle tend à un seul but d'édification. Et nous allons voir que l'unité morale du sujet est dans des conditions parfaites d'harmonie.

La figure du Christ illumine le sommet du Thabor où l'ont suivi Pierre, Jacques et Jean. Moïse est à sa gauche, Élie à sa droite. Les trois disciples, éblouis par la vision glorieuse, gisent à terre. Le Christ, baigné dans sa propre lumière, est supporté en l'air et soulevé par une force mystérieuse. Élie et Moïse se soutiennent comme lui dans les plaines éthérées ; seuls, ils peuvent résister à l'éclat du visage du Christ. L'harmonieux balancement des trois personnages attire invinciblement les regards du spectateur. Deux martyrs, saint Laurent et saint Julien, sont admis à contempler le miracle. Leur présence, nous devons le dire, trouble quelque peu la symétrie du groupe lumineux.

Au bas de la montagne d'où nul ne voit ce qui se passe au sommet, conformément au texte biblique (la liaison entre les deux scènes n'existant que pour le spectateur), au bas de la montagne sont restés les autres apôtres. Les habitants d'une bourgade voisine accourent pour implorer la guérison d'un jeune possédé soutenu par son père et par ses deux sœurs. Saint André, qui vient de consulter le Livre de la Sagesse, avoue son impuissance. Les apôtres, placés derrière lui, indiquent qu'au sommet de la montagne est le seul salut. Deux disciples regardent avec commisération l'enfant qui se tord dans les convulsions. Un troisième narre le fait à l'incrédule Thomas.

Remarquons tout d'abord qu'on ne pourrait représenter à la lettre la *Vision du Thabor*, la transparence d'une figure supprimant l'ombre, et par cela même le modelé, les linéaments du corps. Aussi Raphaël n'a-t-il pas hésité à substituer à la Transfiguration l'Ascension, c'est-à-dire à faire monter dans les régions de l'air un corps impondérable et radieux qui va se fondre dans l'essence divine. Admirons la haute béatitude du Christ. Il est la sainteté, le détachement même et il contraste d'autant plus avec le groupe des apôtres et la scène douloureuse du premier plan. Quelle force dans ce regard divin levé vers le ciel! Quelle magnifique sérénité dans cette vision majestueuse! Comme ce tableau est bien l'écho du sentiment religieux réveillé en Italie par le concile de Latran! Aussi faut-il, pour en comprendre le sens, entrer dans l'âme même de Raphaël et de ses compatriotes. Si nous ne le tentons pas, nous ne pourrons apprécier l'expression profonde et divine avec laquelle Santi a interprété ce sentiment pieux. Et nous savons à quel point les œuvres d'un Titien et d'un Corrège prêtèrent à ce même sentiment une forme monumentale.

Le bon Francis Wey, dans son volume de *Rome*, fait une charge à fond contre la *Transfiguration*. Pour lui « il y a un contraste choquant à contempler deux épisodes dont l'un dérive des traditions « gothiques empruntées à Ghiberti, et dont l'autre « répond aux doctrines absolument opposées, pré« conisées par Vasari, sous l'influence de Michel« Ange, et subies par Jules Romain qui a exécuté « en partie le mélodrame de la *Guérison du possédé*, « soudé avec effort à la *Transfiguration* ». Il est impossible, selon moi, de parler avec plus d'inexactitude. Il faut n'avoir pas le moindre sens esthétique pour rester insensible à cette réunion de l'idéal et de la réalité. En haut, l'harmonie, la vie supérieure de l'âme; en bas la douleur, l'épreuve, la souffrance. En haut, le rayonnement d'une félicité supérieure; en bas, les parents dans la détresse, les docteurs impuissants, les amertumes terrestres. N'en déplaise à Francis Wey, l'économie du tableau est si bien entendue qu'on ne saurait y rien changer sans rompre l'harmonie de la composition [1]. Cette œuvre, que Passavant qualifie d'incomparable, témoigne qu'il est impossible de s'élever plus haut dans la peinture des passions.

L'exécution de la partie inférieure du tableau est presque entièrement de la main des élèves, mais tout à fait dans l'esprit du maître, à l'exception des ombres qui ont été noircies.

La *Transfiguration*, par sa puissance de coloris et sa lumière quasi vénitienne, indique la science extraordinaire acquise par Raphaël dans la partie technique de la peinture. Ce dernier éclair d'un

1. Charles Blanc (p. 538-539) a critiqué aussi dans le même sens la *Transfiguration*, sans remarquer qu'un génie comme Raphaël pouvait seul mener à bien une œuvre de ce genre. La preuve c'est que les imitateurs ont piteusement échoué là où le maître, toujours en quête de nouveaux modes d'expression, pouvait seul prétendre.

génie sans pareil rayonne d'une aspiration si belle qu'il s'impose à notre respect. De sorte qu'en dernière analyse, nous sommes moins sensibles au triomphe artistique d'un thème si compliqué qu'à la force même de l'inspiration qui lui donna naissance et le réalisa pour la suprême gloire de l'art.

Cette œuvre fut commandée à Raphaël par le cardinal Jules de Médicis, le futur Clément VII, qui y fit mettre les patrons de son père Julien et de son oncle Laurent le Magnifique. On ne peut se défendre d'être ému en songeant que Raphaël avait à lutter contre Michel-Ange. Celui-ci avait fait pour le même cardinal le dessin de la *Résurrection de Lazare* que devait peindre Sébastien del Piombo. Santi fut arrêté dans cette lutte par la mort.

En effet, il n'avait pas encore achevé le tableau de la *Transfiguration*, lorsqu'il sentit tout à coup approcher ses derniers moments, au milieu même de sa plus grande activité et presque encore dans la fleur de sa jeunesse [1].

1. Je me contente de signaler un tableau de la galerie vaticane : *Le Couronnement de la Vierge*. Cette œuvre avait été commandée à Santi par les religieuses du couvent de Monte-Luce, près Pérouse. Raphaël, accablé de travail, n'eut pas le temps de l'achever. Ce furent J. Romain et Francesco Penni qui, après la mort de leur maître, terminèrent ce

VII. — RAPHAËL ARCHITECTE

Raphaël ne fut pas seulement un merveilleux peintre, il montra aussi de remarquables connaissances architectoniques. Quand Bramante, l'architecte de Saint-Pierre, eut vu ce jeune homme à l'œuvre, il ne désespéra point de s'en faire un successeur. Il lui prodigua donc ses enseignements et ne lui marchanda point les éloges. Raphaël semble avoir tiré un rapide profit du voisinage de ce maître. Bramante, en mourant, lui

tableau. En 1797, il fut transporté à Paris. Lors du traité de paix de 1815, il fut rendu aux États de l'Église ; mais il ne retourna pas à sa place primitive et il orne aujourd'hui le Vatican. Dans cette œuvre il n'y a guère que les traits de la Vierge qui aient été dessinés par Raphaël.

Dans la collection du Quirinal, on voyait deux tableaux : les *Apôtres saint Pierre* et *saint Paul* que Fra Bartolommeo, ayant dû quitter Rome dont le climat lui était nuisible, avait chargé Raphaël de terminer. On peut reconnaître la manière du maître dans l'exécution de la tête et des mains de l'apôtre Pierre. Ces tableaux furent placés dans l'église San Silvestro, à Monte Cavallo où, au dire de Titi, on les admirait encore en 1686.

Quant au *saint Luc faisant le portrait de la Vierge* qui orne la collection de l'Académie de ce nom à Rome, il a été fort indûment attribué à Raphaël et on sait aujourd'hui que Timoteo delle Vite en est l'auteur.

laissait ses dessins et ses modèles. En même temps, il le désignait à Léon X comme étant seul capable de mener à bien l'édification de Saint-Pierre. Le 1er août 1514, un brêf du pape imposait à Raphaël la charge des travaux de la basilique, après examen par le Pontife d'un modèle en bois de l'édifice qu'il devait exécuter. En même temps il était nommé Directeur général des Beaux-Arts.

« C'est un grand fardeau pour mes épaules, écrivait-il au comte Castiglione, l'humaniste, son « ami. J'espère n'y pas succomber, d'autant plus « que mon modèle plaît à sa Sainteté et à beaucoup « d'autres personnes distinguées. Mais ma pensée « s'élève plus haut. Je voudrais trouver les belles « formes des édifices antiques. Je ne sais si ce ne « sera point le vol d'Icare; Vitruve me donne « quelques lumières sans cependant me suffire. » Le maître d'ailleurs s'était mis à l'œuvre avec courage. Il menait de front, avec un entrain égal, ses travaux de peinture et d'architecture. Dans une lettre à son oncle Simon di Battista di Ciarla da Urbino, en date du 1er juillet 1514, il s'exprime ainsi : « En ce qui concerne mon séjour à Rome, je ne puis, par amour pour les travaux de Saint-Pierre rester longtemps ailleurs qu'ici car j'ai actuellement la place de Bramante. Et quel lieu du monde est plus digne que Rome ? Et quelle entreprise plus digne que celle de Saint-Pierre qui est le premier temple du monde? » Il termine en parlant du vieux Fra Giocondo que le pape lui adjoint pour l'aider à se perfectionner dans son art [1]. Malheureusement ce qui l'empêcha de pousser avec vigueur les travaux de la basilique, ce fut l'obligation où il se trouva de renforcer les fondations des piliers de la coupole. En outre, le trésor pontifical fut presque épuisé par le luxe de Léon X et par les frais de la guerre qu'intentait ce pontife au duc d'Urbin. Raphaël n'accomplit donc que des travaux peu apparents : quelques voûtes d'arcades et quelques piliers.

Baldassare Peruzzi succéda le 1er août 1520 à Santi. On adopta un plan plus restreint que celui de Bramante et de Raphaël et formant une croix grecque surmontée d'une coupole. C'est à Michel-Ange qu'il appartint de mener presque à bien une aussi gigantesque entreprise, car les travaux étaient arrivés au tambour quand il mourut. Giacomo della Porta termina, en une année, ce grand œuvre.

Comme architecte, Santi donna encore le plan pour la chapelle Chigi, dans l'église Santa Maria

1. Léon X lui adjoignit également Giuliano da San Gallo. Cf. Clausse, *Les San Gallo*. Tome II, p. 205.

del Popolo; le plan pour l'église de San Giovanni Batista dei Fiorentini et pour l'église Santa Maria in Domenica; mais ces plans ne furent pas utilisés. Il s'occupa aussi de restaurer ou d'édifier quelques maisons particulières comme le palais Branconio, le palais Coltrolini, près Sant'Andrea della Valle, qu'on nomme aujourd'hui le Palazzo Vidoni et dans lequel une inscription indique Raphaël comme en étant l'architecte. Mentionnons encore la maison du chirurgien Jacopo da Brescia qui porte le caractère du style architectonique de Raphaël; les écuries d'Agostino Chigi (*stalle Chigiane*), disparues, et que Pontani pense n'avoir jamais été achevées. Quant au plan de la villa du cardinal Jules de Médicis, appelée aujourd'hui la villa Madame, Antonio da San Gallo en est l'auteur indéniable, Raphaël n'ayant fait que donner de simples conseils sur cette construction [1].

Raphaël se construisit eu outre, dans le quartier du Vatican, un palais qu'il exécuta en briques et en mortier coulé. Les colonnes et les corniches appartiennent à l'ordre dorique et à l'ordre rustique. L'effet de ce monument est très beau. Santi acheva aussi les Loges, entourant la cour de

1. Cf. Clausse. *Les San Gallo*. Tome II, p. 209 et sqn.

Saint-Damase au Vatican. J'ai donné quelques détails sur cet édifice en parlant des peintures qui ornent une des galeries. Paul II, qui mourut en 1471, avait chargé Giuliano da Mariano de faire un plan pour la cour de Saint-Damase, au Vatican. Cet artiste, selon Vasari, y édifia trois étages en travertin et décora les plafonds de dorures et divers ornements. Jules II fit restaurer ce monument par Bramante qui s'efforça de lui donner une meilleure architecture. Les travaux étant néanmoins peu avancés à sa mort, Raphaël compléta la construction en ajoutant au plan de Bramante un quatrième étage avec une galerie ouverte à colonnes (*loggie*). La façade de l'ouest fut exécutée sous Léon X d'après un plan de Santi. On lui attribue aussi l'idée première de la façade du nord qui fut terminée avec celle de l'est seulement sous Grégoire XIII, par Cristoforo Roncalli et sous Sixte V, par Domenico Fontana [1].

VIII. — RAPHAËL ET L'ANTIQUITÉ

Les dernières années de la vie de Raphaël, furent encore très remplies par un essai de recons-

1. N'oublions pas dans la nomenclature des édifices dus à Raphaël, le beau palais Pandolfini qu'on admire, rue San Gallo, à Florence.

titution de la Rome antique. Ce dessein de Santi frappa d'admiration et d'enthousiasme tous les Humanistes. L'un deux, Coelio Calcagnini, premier secrétaire de Léon X, écrivant au célèbre mathématicien Jacob Ziegler, s'en faisait l'écho comme il suit : « Raphaël d'Urbin est un jeune homme de « la plus grande bonté et d'un esprit admirable. Il « se distingue par de grandes qualités. Aussi c'est « peut-être le premier de tous les peintres sous le « rapport de la théorie comme de la pratique ; de « plus, architecte d'un si rare talent, qu'il invente « et exécute des choses que des hommes du plus « grand esprit croyaient impossibles..... Actuelle- « ment, il accomplit une œuvre qui sera incon- « cevable pour la postérité (je ne parle pas de « la basilique du Vatican dont il dirige les travaux) ; « c'est la ville même de Rome qu'il rétablit dans « son ancienne grandeur ; car en enlevant les plus « hauts amoncellements, en creusant jusqu'aux « plus profondes fondations, en restaurant les « choses d'après les descriptions des auteurs anciens, « il a tellement entraîné à l'admiration le pape « Léon et les Romains, que presque tout le « monde le considère comme un Dieu envoyé du « ciel pour rendre à la ville éternelle son antique « majesté. »

Elle était bien digne de Raphaël cette tentative

de retracer les plans de l'ancienne Rome d'après ses restes et la description des auteurs anciens. Il adressa donc à Léon X un rapport où il parle du plan de la ville qu'il est en train de dresser en rétablissant le dessin des édifices et en faisant opérer des fouilles. Après avoir déploré le sort de Rome, il compare les architectures des époques successives : en premier lieu l'antiquité ; en second lieu le style du moyen âge, aux arcades arrondies et qu'il qualifie de gothique, d'après l'usage ; en troisième lieu le style à ogive ou allemand ; enfin le style contemporain. Il raconte comment il s'y est pris pour dresser les plans, les coupes et les hauteurs des édifices. Et il ajoute : « Il vous appartient, « Très Saint Père, de veiller à ce que les derniers « vestiges de cette antique mère de l'Italie, témoins « glorieux de la valeur et de la puissance de ces « esprits divins dont le souvenir enflamme encore « parfois nos esprits, ne soient pas anéantis ou « endommagés par des méchants ou des ignorants... *che quello poco che resta di questa antiqua* « *madre... non sia extirpato in tutto e guasto dalli* « *maligni e ignoranti.* Car vraiment trop d'offenses « ont été déjà faites à ces âmes qui, de leur « sang, donnèrent tant de gloire au monde, à « notre patrie et à nous-mêmes : *che col sangue* « *loro parturirono tanta gloria al mondo et a questa* « *patria e a noi.* »

En 1508, à son arrivée à Rome, Raphaël ne s'était guère jusqu'alors préoccupé de l'antiquité. Mais le séjour dans la ville éternelle exerça peu à peu sur lui une impression profonde. A force d'errer parmi les ruines, il en comprit la grandeur. Le Palatin, le Coelius et l'Aventin parlaient à son âme, lui ouvraient leurs solitudes, lui montraient, gisantes dans les herbes, les reliques du passé. Les obélisques, les arcs de triomphe perpétuaient les grands noms d'Auguste, d'Agrippa, de Titus, de Trajan, de Marc-Aurèle. Des cirques, des amphithéâtres ruinés parlaient de gloire, de triomphes évanouis et si présents encore. Et quand le jeune maître foula pour la première fois le Forum, synthèse de la puissance et de la beauté de Rome antique, on peut croire que son enthousiasme fut porté au plus haut point.

Et ici, je dois citer encore Joachim du Bellay. Il le faut bien, puisqu'il est pour ainsi dire le seul poète français qui, comprenant les grandeurs de la Rome antique, ait magnifiquement célébré ses ruines et sa majesté. Car si le séjour du poète loin de la terre angevine et du toit cher à son cœur, lui coûta beaucoup et nous valut les *Regrets*, ce livre immortel, n'oublions pas qu'il nous valut aussi trente-deux sonnets incomparables intitulés : *les Antiquités de Rome*. En détacher le suivant me semble rendre à la mémoire de l'ami de Ronsard le culte légitime dû non seulement au poète de goût qu'il était, mais encore à l'érudit. Et l'inspiration de la Muse ne faisait, que je sache, en aucune manière, défaut au docte français écrivant :

Qui voudrait figurer la Romaine grandeur
En ses dimensions, il ne lui faudroit querre
A la ligne et au plomb, au compas, à l'équerre
Sa longueur et largeur, hautesse et profondeur.

Il lui faudroit cerner d'une égale rondeur
Tout ce que l'Océan de ses longs bras enserre,
Soit où l'astre annuel eschauffe plus la terre,
Soit où souffle Aquilon sa plus grande froideur.

Rome fut tout le monde et tout le monde est Rome.
Et si par mesmes noms, mesmes choses on nomme,
Comme du nom de Rome on se pourrait passer ;

La nommant par le nom de la terre et de l'onde :
Ainsi le monde on peult sur Rome compasser
Puisque le plan de Rome est la carte du monde.

Ce spectacle des antiquités de Rome, comme aussi le commerce avec les gens lettrés qu'il trouvait à la cour de Jules II et de Léon X, amenèrent des modifications dans le talent de Raphaël, et engendrèrent son troisième style. Il n'eût pas imité les modèles antiques ni composé de sujets mythologiques ou grecs, comme *l'École d'Athènes*, *le Parnasse, Galatée,* s'il n'était venu habiter la ville des Papes. Ce fut là qu'il comprit le vrai sens de la Beauté. Ce fut là aussi qu'il connut et cultiva en lui la ferme volonté d'atteindre à ce qu'il considérait comme l'idéal suprême de l'art. Ce séjour à Rome développa chez Raphaël non pas seulement l'élévation morale qui resta sa marque jusqu'à la fin, mais encore la puissance créatrice. Tout voir, tout comprendre, tout tenter, ne rien faire à demi : telles auraient pu être ses devises. C'est ainsi qu'au milieu d'occupations toujours croissantes, il voulut un moment, comme Giorgio, Vecchietta, Martini, Verrochio, Pollajuolo, Vinci, Sodoma et surtout Michel-Ange, prendre en mains l'ébauchoir et se faire sculpteur. La maquette du prophète Jonas et probablement celle du prophète Élie, celle même du bas-relief, *le Christ et la Samaritaine* dans la chapelle Chigi, en l'église de Santa Maria del Popolo (Sainte-Marie du Peuple), sont là pour en témoigner.

IX. — SUR LA PRÉTENDUE RIVALITÉ DE MICHEL-ANGE ET DE RAPHAËL

Michel-Ange et Raphaël furent-ils rivaux ? On l'a soutenu bien inconsidérément. Il faut se garder de juger ces deux esprits, ces deux natures si différentes. L'une était toute jeunesse, toute grâce et toute gaieté; l'autre, tout sérieux, toute pensée, toute gravité. Raphaël s'extériorisait facilement ; Buonarotti gardait son âme jalousement fermée, et il ne fallait rien moins qu'une Vittoria Colonna pour y faire pénétrer une douce lueur de tendresse.

On aurait tort de montrer Raphaël comme un génie exclusivement religieux et, de même, il ne faudrait pas considérer Michel-Ange comme un artiste purement païen qui aurait eu l'honneur d'inaugurer l'art grec et qui aurait pourchassé les derniers séraphins des écoles mystiques. Ces deux grands artistes procédaient de l'inspiration religieuse par les sentiments, les intentions et la foi. Mais, amateurs passionnés d'art antique, tous deux dirigèrent leurs contemporains vers les sources du Beau et la perfection des anciens.

Quelle erreur d'opposer sans cesse l'un à l'autre deux génies si différents ! C'est vraiment là un jeu puéril. Michel-Ange, poète épique, esprit dominateur, aspirant aux grandeurs infinies, est comme l'Hésiode de la théogonie biblique. Regardez quelle forme il donne à son Jéhovah, à ses patriarches, à ses prophètes divins ! Raphaël, lui, est moins frappé des faits que des symboles ; s'il remonte aux idées, c'est pour en déduire les sentiments. Il est, d'ailleurs, aussi versé que Buonarotti dans la science des textes. Son art, plus doux, plus tendre, plus caressant, enveloppe d'une délicate harmonie la représentation des Évangiles, laissant à son grand confrère le soin de s'inspirer de l'Ancien Testament. Mais n'oublions jamais que c'est au peintre d'Urbin que sont dus les ouvrages accomplis sous l'inspiration de la muse païenne : *le Parnasse*, *l'École d'Athènes*, *la Galatée*, *la Fable de Psyché*.

Écartons donc résolument les bruits de rivalité qui coururent et que d'envieux artistes comme un Sebastiano del Piombo étaient intéressés à faire courir entre ces deux maîtres. Ces deux hommes étaient trop divergents d'idées, de vie et de travail pour offrir jamais un point de ressemblance. Ils apprécièrent d'ailleurs leurs travaux respectifs et leurs œuvres mutuelles.

Ne comparons pas Buonarotti et Santi. Victor Hugo, dans le *Post-scriptum de ma vie*[1], range Raphaël au nombre des Parfaits et Michel-Ange au nombre des Génies. Et il se demande pourquoi les *Parfaits* ne sont pas les *Grands*. C'est là un point de vue auquel je ne saurais en aucune façon me ranger. Non, il n'est pas vrai que la Perfection

1. Calmann-Lévy.

soit aux antipodes de la Grandeur, et que la Grandeur n'implique pas en elle le sens de la Perfection.

L'art de Michel-Ange impose et s'impose. Ses conceptions sont gigantesques et d'une énergie unique. L'art de l'Urbinate, pour être moins hardi, n'est pas moins solennel. Si ses conceptions n'ont pas autant d'envergure, elles sont plus riches et plus fantaisistes. Ses formes, moins exagérées, sont plus élégantes ; elles sont en quelque sorte objectivement pensées. Ce qui frappe chez Raphaël c'est son admirable connaissance de la nature humaine. Il nous la montre dans sa complexité, et nul ne l'excède pour le charme, la grâce et la fécondité. Remarquons comme son traditionnisme se métamorphose quand il traite des sujets païens : c'est qu'il touche alors au fond même de l'art antique et renouvelle à ce contact sa faculté créatrice.

Michel-Ange ne sut pas montrer le contraste existant entre la civilisation chrétienne et profane. Raphaël y arriva par l'intuition même de son génie. Il comprit avec une sûreté inouïe la religion et les mœurs de l'antiquité. La statuaire antique l'aida à s'élever à la hauteur d'un Apelles tout comme s'il eût vécu en Grèce.

L'art antique, on peut en être assuré, eut plus

d'influence sur lui que le style de Michel-Ange. Ce grand génie ne forme pas un anneau de la chaîne des artistes de son temps. Ses propres inspirations le dirigèrent seules, et lui firent parfois outrepasser les règles de l'art. Il ne tint pas toujours suffisamment compte des lois de la nature, et les images de grandeur, de puissance et de beauté qu'il nous donna ne sauraient faire oublier le charme céleste, la science harmonieuse, la grâce douce et puissante du grand peintre Raphaël qui fut vraiment la plus haute expression de l'art du XVIe siècle.

X. — MORT DE RAPHAËL

C'est vraisemblablement en surveillant quelques fouilles de monuments anciens, pendant ses recherches au milieu des ruines de Rome, que Raphaël contracta la fièvre maligne qui devait l'emporter. Vasari, sans aucune preuve, donne une autre version de la mort de Raphaël. Vasari aurait répété là les assertions de Simone Fornari da Reggio, publiées en 1549 dans les *Osservazioni sopra il Furioso dell' Ariosto*, et de nature à jeter quelque déconsidération sur Raphaël. Il ajoute aussi, et bien absurdement, que l'Urbinate attendait le chapeau de cardinal comme récompense et paiement de tout ce que Léon X lui devait encore et il s'exprime en ces termes : « Le cardinal « Bibiena voulait faire épouser par Raphaël une de « ses nièces, mais celui-ci ne voulut point con- « sommer le mariage, parce qu'il attendait, de « la noble libéralité du Pape, un chapeau rouge « qu'il croyait avoir mérité autant pour ses travaux « que pour son génie. Enfin, cependant, comme il « ne mettait pas de frein à ses amours, *ultimamente* « *per continuare fuor di modo i suoi amori*, il en « mourut à l'âge de trente-sept ans, le jour même « de l'anniversaire de sa naissance. » Raphaël n'osa pas refuser au cardinal Bibiena d'épouser sa nièce. Ce fut la mort de la jeune fille qui empêcha cette union. Quant à l'allusion aux prétendus excès de Raphaël, j'avoue ne point l'admettre puisqu'il conserva jusqu'à la fin toute son activité physique et morale qui n'aurait guère pu exister chez un homme ayant abusé de la vie. Nous savons tous que le malade qui a commis des excès entre toujours dans une période de faiblesse avant d'en arriver à une complète désorganisation. Pour moi, la vraie raison de la mort de Santi est le surmenage de sa vie, la fatigue de la tâche quotidienne à remplir, les obligations croissantes des commandes, tous les travaux auxquels il devait faire face. La frêle constitution de Raphaël, sans cesse excédée par les efforts incessants de son génie et par des travaux multiples, ne put longuement combattre les atteintes de la maladie. « L'organisation la plus robuste, dit avec raison M. Müntz, n'aurait pu résister à un effort aussi prodigieux, effort qu'il fallait renouveler tous les jours. »

Raphaël, néanmoins, eut le temps de régulariser ses dernières dispositions. Il dota richement Marguerite, la femme qu'il avait toujours aimée. Il laissa mille ducats d'or à ses parents d'Urbin, donna la fortune de son père à la confrérie de la Miséricorde. Il légua sa maison de Rome au cardinal Bibiena, son intime ami, dont il connaissait la difficile position pécuniaire. Ses élèves Giulio Pippi, surnommé le Romain, et Giov-Francesco Penni héritèrent de tous ses objets d'art.

La crainte d'une issue fatale remplissait d'angoisse Rome entière. Ses disciples Romain, Penni, Perino del Vaga, Giovanni Nanni da Udine, d'autres encore, ses amis lettrés, Léon X luimême, suivaient avec anxiété les progrès du mal. Celui-ci l'emporta en quatorze jours, le 6 avril 1520. On dressa derrière le catafalque le tableau non fini de la *Transfiguration*. Une immense foule accompagna ses restes de la place Saint-Pierre au Panthéon où il avait choisi naguère son tombeau. On déposa le corps sous la voûte funéraire, derrière l'autel, près de la place où se trouve l'inscription à la mémoire de Maria da Bibiena, sa fiancée, morte avant lui. L'épitaphe que Bembo composa à la mémoire du grand mort contient cet éloge magnifique : « A Raphaël d'Urbin, peintre éminent, émule des anciens. Ses œuvres resteront « comme de vivantes expressions de l'art et de la « nature. »

Et c'est ainsi, qu'une vie de trente-sept ans suffit à Raphaël pour parcourir et épuiser tous les domaines ouverts de son temps à l'inspiration d'un artiste et pour manifester, dans une magnifique série de chefs-d'œuvre, cette idée supérieure de la beauté qui flottait constamment devant ses yeux. C'est à cet idéal qu'il dut d'être demeuré, plus que tout autre, toujours fidèle à son esprit, d'avoir triomphé des plus hautes tâches et d'avoir donné aux plus minimes d'entre elles le sceau d'une indélébile beauté. Son énergie au travail fut constante autant qu'extraordinaire; elle seconda heureusement ses aptitudes naturelles.

Michel-Ange disait avec justesse que Raphaël devait son génie et sa perfection non pas tant aux dons de la nature qu'à de longues études. A sa mort, Rome parut déserte et la peinture orpheline. A sa mort s'éteignit un génie qui, tout en gardant indemne sa propre originalité, avait eu la rare fortune d'harmoniser dans sa manière les plus nobles qualités des écoles du passé et des artistes contemporains. A sa mort enfin, toutes les classes, tous les âges, comprenant ce que l'art perdait à jamais, mêlèrent leur deuil et leur douleur en de communs sentiments d'admiration pour le maître et de respect pour l'homme : car la vraie grandeur est à la fois si prestigieuse et si haute qu'elle réunit autour d'elle, pour sa consécration, les foules et les aristocraties, les humbles et les puissants.

MACON, PROTAT FRÈRES, IMPRIMEURS.

DU MÊME AUTEUR

(Chez Lemerre, éditeur)

CLAUDIUS POPELIN. Peintre, émailleur et poète.	1 vol. in-8°
RYTHMES ET NOMBRES. Poésies.	1 vol. in-18
VIE MANQUÉE. Nouvelles.	1 vol. in-18
LES MIRAGES. Poésies.	1 vol. in-18
LA PASTORALE DANS LE TASSE.	1 vol. in-18
HISTOIRE D'UN BAISER. Nouvelles.	1 vol. in-18
LE RECUEIL DES SOUVENIRS. Poésies.	1 vol. in-18
SUR LES CHEMINS DE LA VIE.	1 vol. in-18
MICHEL-ANGE A ROME.	1 vol. in-18
LA SCULPTURE A SIENNE.	1 vol. in-18
LA SCULPTURE A ROME.	1 vol. in-18
RAPHAEL A ROME	1 vol. in-18

(Chez Bouillon, éditeur)

PIERRE DE NOLHAC ET SES TRAVAUX. Essai de contribution aux publications de la Société d'Études italiennes.	1 vol. in-8°

MACON, PROTAT FRÈRES, IMPRIMEURS.

www.ingramcontent.com/pod-product-compliance
Lightning Source LLC
LaVergne TN
LVHW020422230826
846091LV00004B/1373

9782019919221